100 *Orte* in Lüttich

Rolf Minderjahn

100 *Orte* in Lüttich

GEV

www.gev.be
buchverlag@grenzecho.be

ISBN 978-3-86712-150-7
D/2020/3071/6

Lektorat: Camilla Van Heumen M.A.
Layout: GEV, Eupen

Printed in EU

Inhalt

MUSEEN

KIRCHEN

LÜTTICH-INSIDE FÜR ENTDECKER

DAS VIERTEL OUTREMEUSE UND GEORGES SIMENON

SPEZIALITÄTEN, FÜR DIE DAS HERZ DER LÜTTICHER SCHLÄGT

AN DIESEN ADRESSEN KOMMEN GENIESSER NICHT VORBEI

DIE SCHÖNSTEN LOCATIONS

SHOPPING, SHOW, CHILLEN

VERANSTALTUNGEN

GEWUSST, WO UND WIE

IN LÜTTICHS NAHER UMGEBUNG – DAS WIRD IHNEN AUCH GEFALLEN

Liebe Leserinnen und Leser,

Städtereisen sind *in*, aber zunehmend mit dem Nachteil des Übertourismus wie Venedig, Barcelona und Amsterdam zeigen. Es gibt durchaus Alternativen. Eine sehr lohnenswerte kann Ihnen dieses Buch aufzeigen – Lüttich, in der französischsprachigen belgischen Wallonie. Genauso abwechslungsreich, spannend und genussvoll, doch ohne maßlos überhöhte Preise. Schlange stehen Sie hier höchstens mal kurz an einer Pommesbude oder Eisdiele. Von Deutschland aus ist es gar nicht so weit entfernt und vom rheinischen Raum aus quasi vor der Haustür. Es wird Zeit für ein Date, ein Rendezvous oder ein Wiedersehen. Lüttich ist in den letzten zehn Jahren zu einem Kronjuwel geworden, das immer weiter feingeschliffen wird, für Architektur, Kultur, Lebensart und als hippe Destination für einen City-Trip. Die einzige echte Metropole im Dreiländereck Deutschland, Niederlande, Belgien. Ich habe 100 Orte für Sie herausgesucht, damit Sie rundum inspiriert auf eine Tour nach Lüttich fahren können.

Es sind eigentlich viel mehr als Orte, nämlich Plätze zum Chillen, Feinschmeckerboulevards, Restaurants, Cafés, Kneipen, Boutiquen, coole Adressen zum Ausgehen, Insidertipps, Palais, Kirchen, Museen, versteckte Ecken und grandiose Panoramen … Suchen Sie sich das Richtige für sich aus. Und entdecken Sie Lüttich. Allein, in der Gruppe, bei einer Führung oder einem romantischen Wochenende zu zweit. Es lohnt sich wirklich. Die Stadt ist überschaubar, einladend, gastfreundlich und von menschlichem Maß. Sie verfügt über eine im Hinblick auf ihre Größe beeindruckende Anzahl von kulturellen Infrastrukturen: Oper, Philharmonie, Théâtre de Liège und mehr als ein Dutzend imposanter Museen. Dazu neue (erneuerte) Bauten internationalen Renommees: Das Curtius-Museum, der Bahnhof Guillemins, die Médiacité, das Kunstpalais La Boverie, die neue Straßenbahn. Sie verändern das Gesicht der Stadt, das von grandiosen internationalen Architekten wie Santiago Calatrava, Ron Arad oder Rudy Ricciotti modelliert wird. Die Stadt strotzt vor 1.000-jährigem Erbe und einer erhalten gebliebenen Architektur, um die sie viele andere Großstädte beneiden können. Innerstädtisch kann man sich in Lüttich hervorragend bewegen. Alles lässt sich ganz gut zu Fuß erreichen oder mit öffentlichen Verkehrs-

mitteln und alternativen Transportmitteln wie Fahrradverleih, Pendelschiffe und in Zukunft auch die Straßenbahn (2022). Um Lüttich kennenzulernen, brauchen Sie nicht Französisch zu parlieren. Die meisten Museen und interessantesten Stätten werden auch in deutscher Sprache präsentiert, ebenso wie Führungen und Gruppenreisen. Ihr größter Trumpf ist die Maas mit Maas- und Albertkanal, eine Stadt am Fluss mit imponierenden Blicken und Brücken. Sie schäumt über vor überraschenden Kleinodien, sie ist volksnah und erstaunlich. Sie schüttet ein Füllhorn aus an Restaurants und Genussadressen, weit über Bier und Pommes hinaus. Mit einem eklektischen kulinarischen Angebot, basierend auf einem üppig gespickten Korb regionaler Produkte aus der wunderschönen Umgebung der Ardennen. Die Stadt ist kosmopolitisch, offen, tolerant und zukunftsorientiert. Und genau so toll ist, wie ich finde, dass man Lüttich idealerweise, sehr praktisch und zudem umweltfreundlich, mit dem Zug erreichen kann: mit Thalys, ICE oder der belgischen Bahn. Und dass man zugleich in einen der schönsten Bahnhöfe der Welt einfährt, ein Aperitif nach Maß. Denn Lüttich ist ein Fest für Genießer!

Rolf Minderjahn, Januar 2020

Der Palast der Fürstbischöfe

„Es gibt nichts, was ihm an Pracht und Feinheit gleichkäme."

1

C 2

1577 verkündet Marguerite de Valois, die erste Frau des französischen Königs Heinrich IV., im Palast der Fürstbischöfe: „Es gibt nichts, was ihm an Pracht und Feinheit gleichkäme." Der Reisende Philippe de Hurges vergleicht 1615 Lüttich ohne Umschweife mit Paris: „... und der Lütticher Prinzenpalast, der direkt neben der Kirche Saint-Lambert liegt, ist vollkommener als der Louvre und die Tuilerien zu Paris." Es lässt sich nicht leugnen, dass der Palast der Fürstbischöfe zu Lüttich eine Bedeutung offenbart, die weit über der einer Stadt liegt; er wurde vielmehr nach Maßstäben eines nationalen Bauwerks geschaffen. Schon um das Jahr 1000 n. Chr. verfügt Fürstbischof Notger den Bau eines Palastes neben der Kathedrale Saint-Lambert, der dort wahrscheinlich Mitte des 9. Jahrhunderts errichtet wurde. Der Palast von Notger, der von Fürstbischof Henri de Leez erweitert wurde, war repräsentativ genug, um 1071 den Kaiser Heinrich IV. zu empfangen sowie einige Jahre später ein Konzil willkommen zu heißen, dem der heilige Bernhard, Papst Innozenz II. und Kaiser Lothar II. beiwohnten. 1185 wurde der Palast bei einem Brand zerstört, ebenso wie die Kathedrale, wo das Feuer ausgebrochen war. 1505 wurde er erneut das Opfer einer Feuersbrunst. Es war Erard de la Marck, ein wahrhafter Renaissancefürst, der den Palast in der Form wiederaufbaute, in der wir ihn heute kennen. Mit dem Bau des Palastes wurde 1526 begonnen. Die 60 reich verzierten, gleichmäßigen Säulen nach italienischem Vorbild im ersten Innenhof zeugen von einer wunderschönen Harmonie dieser Architektur. Der zweite Hof, der zur privaten Nutzung vorgesehen war, ist außerordentlich hübsch. Er kann aus Sicherheitsgründen nicht betreten werden. Ausnahmsweise aber doch, wie auch das Innere des Palastes, nämlich anlässlich der „Tage des Kulturerbes" (Journées des Patrimoines) im September.

www.visitezliege.be/de/palais-des-princes-eveques

Erster Innenhof des Palastes mit Säulengalerie

Der Bahnhof Guillemins und sein Viertel

2

Tausendmal fotografiert, tausendmal fasziniert

G 8/H 8

Monumental, ausdrucksvoll und lichtdurchflutet öffnet sich der weiße Bahnhof zur Stadt hin, eine klassische Fassade fehlt ganz. Dafür sind die Dimensionen des Daches umso eindrucksvoller. Die geschwungene Form einer Welle, ein Symbol für Dynamik, wiegt insgesamt 10.000 Tonnen. Die mit Glaselementen bedeckte Fläche des Daches beträgt 32.000 Quadratmeter. Wenn die Sonne durch das Raster mit Tausenden Glasscheiben scheint, ergibt sich ein magisches Lichtschauspiel. Der Bahnhof, vom Architekten Santiago Calatrava entworfen, wartet mit einigen Innovationen auf. So ist er an der vom Zentrum abgeneigten Seite quasi direkt an den Hügel gesetzt und mit dem Autobahnnetz Richtung Namur, Brüssel, Paris bzw. Aachen, Köln mit einem Zubringer verbunden. Das ist einzigartig in Europa. Die Verbindung zur Autobahn über eine Brücke und ein Viadukt wurde ebenfalls von Calatrava im Stil des Bahnhofes mit langen, sich streckenden weißen Stützarmen integriert. Illustre Gesellschaft gleich nebenan: Der geschwungene Turm des neuen Finanzamtes, „Tour Paradis" genannt, der im Design mit seinen 136 Metern Höhe wie ein kleiner Bruder des Burj Al Arab Hotels in Dubai wirkt. Dazu gesellt sich das wallonische Design Center gegenüber. Die neue Stadtachse nach den Plänen von Santiago Calatrava hat Gestalt angenommen. Sie verläuft vom Bahnhof bis zur Médiacité. In der Mitte liegt der Parc de la Boverie auf einer Maasinsel. Die ultramoderne Fußgänger- und Radfahrerbrücke La Belle Liégeoise schlägt den Bogen zu diesem Park (Rund 5 Gehminuten vom Bahnhof).

Genusstipp: Ungewöhnlich und wirklich groß ist das Grand Café de la Gare im TGV-Bahnhof Guillemins. Lange schwarze Ledersitzbänke und rote Leuchtborde auf den Rückenlehnen ziehen sich wie ein roter Faden durch ein Labyrinth von schicken Sitzecken. Restaurant, Brasserie und Weinbar unter einem Dach mit viel Glas und Licht. Klassische, aber auch mediterran-leichte Küche mit vielen Fischgerichten kann man auf der Terrasse unter dem lichtdurchfluteten Mosaik des Bahnhofsdachs genießen. Tolle Aussicht auf das Bahnhofsgelände.

www.visitezliege.be/de/gare-des-guillemins

Prunkstück des Bahnhofs ist das geschwungene Dach.

Curtius und das Hôtel de Hayme de Bomal

Von Palais zu Palais

3

E 2

Das Maison Curtius (Quai de Maestricht 13) in der Lütticher Altstadt am Maasufer ist das ehemalige Privathaus des Jean Curtius und gehört zum Ensemble des Grand Curtius. Jean Curtius war eine schillernde Unternehmerpersönlichkeit, der in der zweiten Hälfte des 16. Jahrhunderts durch Geschäfte mit Waffen und Munition zu großem Reichtum gelangt war. Dieses imposante rote Backsteingebäude in der maasländischen Architektur des 17. Jahrhunderts ist durch graue, horizontal verlaufende Hausteinbänder gegliedert, während die Kreuzfenster durch Kalksteineinrahmungen vertikal Akzente setzen. Darüber erhebt sich ein mächtiges Schieferdach und an der linken Seite ein Turm. Typisch und ins Auge fallend sind auch die gelben Ornamente aus Maastuffstein zwischen den Fensterreihen, die verschiedenste Motive tragen: Wappen, Porträts, Fantasietiere, Satyre, religiöse Szenen. Seit der Restaurierung des Palais 2001 erstrahlen sie wieder in ihren originalen Farben. Das Hôtel de Hayme de Bomal (Quai de Maestricht 8) ist ein elegantes, neoklassisches Gebäude direkt am Maasufer, das an die große Tradition der Pariser Stadtpalais vom Ende des 18. Jahrhunderts mit Innenhof und Garten erinnert. Hier wohnte Napoleon I. gleich zweimal, einmal bei einem Aufenthalt mit Joséphine de Beauharnais, als er erster Konsul war, dann später mit Marie-Louise von Österreich, nachdem er Kaiser geworden war. Das Gebäude wurde 2001 restauriert. Vom Eingang von der Maasseite aus gelangt man in ein monumentales Treppenhaus (unbedingt sehenswert). Die weißen und vergoldeten Dekors der prächtigen Räume mit Wanddekorationen im Louis-seize-Stil erhielten ihren perfekten, neoklassischen Glanz zurück.

www.grandcurtius.be

Hier sind die Kollektionen des Barons François Duesberg zu sehen: kostbare Kamin- und Tischpendeluhren sowie Porzellan.

Die Opéra Royal de Wallonie

Lüttichs königliches Opernhaus

4

C 2

Sie werden hören und staunen. Die international renommierte Lütticher Oper wurde 2012 komplett renoviert und erweitert. Die Kunst bestand darin, das alte, klassische Interieur, vor allem des großen Saals, zu erhalten, aber das Ganze modern, mit aktuellster Technik und im Look eines einzigartigen Architekturmixes zu meistern. Das heutzutage seltene klassizistische Interieur von 1820, modernste Bühnentechnik und blendende Akustik zeichnen das Haus nun aus. Vorhang auf für ein großes Comeback. Die Lütticher sind stolz auf ein Opernhaus, dessen Innenraum wieder mit neuer Bestuhlung, restauriertem Fresko und Kronleuchter sowie Blattgold verzierten Logenbrüstungen und Säulen imponiert. Durch den Neubau wurde zudem die Akustik entscheidend verbessert. Überragt wird das neu in Weiß getünchte Gebäude von einem riesigen Kubus, der mit rotkupferfarbenen Metalllamellen verkleidet ist. Er vergrößert die Bühnenhöhe. In ihm steckt High-End-Technik, die es ermöglicht, ein neues Bühnenbild in kürzester Zeit zu präsentieren. Der Aufbau vergrößert nicht nur die Bühnenhöhe und die technischen Funktionen, sondern bietet auch idealen Platz für Probenräume. Ein Clou ist der gläserne Aufzug, der ab der sechsten Etage außen am Gebäude entlangschwebt und einen völlig neuen, faszinierenden Blick auf Lüttichs Stadtzentrum eröffnet. Das Lütticher Opernhaus besticht mit seinen Neuinszenierungen bedeutender italienischer Werke, unter anderem auch in Zusammenarbeit mit der Oper La Fenice in Venedig. Der prächtige große Saal der Oper mit seiner einmaligen Aura und den samtroten Logenrängen ist geradezu prädestiniert für klassische Aufführungen, die auch beim deutschen Publikum sehr begehrt sind.

www.operaliege.be

Die Oper, ein Haus von internationaler Klasse

Gleich zwei Orchester in Lüttich

Kultur vom Feinsten in der Philharmonie

5

C 5

Lüttich ist in der vorteilhaften Lage, neben einer Oper mit eigenem Orchester auch noch ein philharmonisches Orchester mit eigener Philharmonie zu beherbergen. Dieser der breiten Öffentlichkeit gar nicht so bekannte Prachtbau steht der Oper kaum nach. Ein Besuch ist sehr lohnenswert. 1887 wurde das Gebäude im eklektischen Stil mit Inspirationen aus der Renaissance eingeweiht. Die symmetrische Fassade mit dem zentralen Vorbau, der sich über drei Etagen erhebt, ist 46 Meter breit und mit Säulen verziert. Sie steht für die monumentale Architektur des 19. Jahrhunderts im Stil der Neorenaissance. Im Parterre sind die markanten Rundbogenöffnungen zu sehen, während die Etagen Sprossenfenster haben. Im Innern erheben sich zwei Ehrentreppen aus weißem Marmor zum Saal César Franck und zum Foyer Eugène Ysaÿe mit seinen Kassettendecken und Marmorverzierungen. Der Innenraum ist nach dem Vorbild eines italienischen Theaters mit Balkonen und drei Logenrängen sowie mit Dekors von Goldverzierungen und rotem Velours erbaut worden. Die Kuppel ist mit zehn Gemälden des Malers Emile-Edouard Berchmans verziert, die Apoll und die neun Musen zeigen. Der große Saal hat eine Kapazität von rund 1.100 Plätzen. Nach der Renovierung 1998 bis 2000 wurde die Akustik in die Kategorie B+ eingestuft, was einem europäischen Spitzenplatz bei Orchestersälen gleichkommt. Beeindruckend ist auch die Schyven-Orgel von 1888, für die eigens Konzerte auf dem Programm stehen. In der Philharmonie werden generell sinfonische Werke, Barock- und Kammermusik, Recitals und Konzerte aufgeführt.

www.oprl.be

Grandiose Pracht im Orchestersaal

Das Veilchen

Lüttichs prachtvolles Rathaus

6

D 2

Im 13. Jahrhundert wählten die mit der Stadtverwaltung betrauten Beamten, die ihre Unabhängigkeit gegenüber dem Fürstbischof behaupten wollten, für ihre Tagungen ein Bürgerhaus auf dem Marktplatz, das nach seinem Schild „La Violette" („Veilchen") heißt. Dieses wunderschöne Gebäude zu betreten lohnt sich. Die Hauptfassade, die durch einen vorspringenden Mittelbau und zwei Seitenflügel gekennzeichnet ist, weist eine strenge Gliederung auf; roter Backstein und Kalkstein sind im Kontrast verwendet. Auf der von Oscar Berchmans in den Jahren 1923/24 wiederhergestellten Giebelstirnwand erscheinen die Wappen des Fürstbischofs Joseph-Clemens von Bayern sowie die von Nicolas de Lohier und Louis Lambert de Liverlo, zwei Lütticher Bürgermeister des Jahres 1718. Der Fassade ist eine eindrucksvolle Freitreppe vorgebaut. Die im gleichen Geist gestaltete rückwärtige Fassade besticht vor allem durch ihren zwischen den beiden Gebäudeflügeln liegenden schönen Ehrenhof, in dem viele Hochzeitspaare von ihren Gratulanten empfangen werden. Die weitläufige Eingangshalle allein ist schon mehr als einen Blick wert. Hohe Säulen und Pilaster aus schwarzem Marmor wirken bombastisch. An den Wänden entlang reihen sich in regelmäßiger Folge schöne, von Marmor umrahmte Eichentüren. Sie werden von Muscheln gekrönt, in denen weibliche Büsten stehen, die man dem berühmten Bildhauer Jean Del Cour (1631–1695) zuschreibt. Der italienische Stukkateur Vasalli schuf 1718 die Decken mit ihren runden und sechseckigen Medaillons. Im rückwärtigen Teil der Vorhalle stützen vier kräftige Atlanten aus Eiche – ein Werk von Jean Hans (1670–1742), einem Schüler von Del Cour – eine Tribüne, deren elegante Brüstung im Stile Ludwigs XIV. eine Kunstschmiedearbeit Jean Tilmans ist. In der rechten Nische befinden sich jetzt „Die drei Grazien" – ein Werk, das bei Jean Del Cour als Schmuck für den Perron-Brunnen vor dem Rathaus in Auftrag gegeben worden war. Die Innenausstattung der einzelnen Räume des Rathauses ist ebenfalls sehr opulent.

Rückseite des Rathauses am Place du Commissaire Maigret

Die Médiacité

Shopping-Mall

7

16

Da hat sich wirklich eine magische Verwandlung ereignet, als 2009 auf dem sechs Hektar großen, ehemaligen Industriegelände der alten Lütticher Walzwerke der architektonische Traum von Ron Arad Wirklichkeit wurde. Das futuristisch anmutende Freizeit- und Einkaufszentrum auf 160.000 Quadratmetern mit 124 Ladenlokalen bietet einen neuen Lebensraum, eine Stadt in der Stadt der Freizeitaktivitäten und des Einkaufens: die Médiacité. Unverwechselbar macht den architektonischen Entwurf die „Leichtigkeit" der fast schon schwindelerregenden Konstruktion mit gebogenen Stahlträgern und die rautenförmigen Tragwerke, die sich durch das Gebäude ziehen. Eine gigantische Wandelhalle, in der zahlreiche Mode- oder Designläden international renommierter Markenhersteller zu finden sind: die berühmte anglo-irische Fashion-Marke Primark, Etam, Guess, H & M, Jack & Jones, Okaïdi, Lola Liza, Celio …, um nur einige zu nennen. Mit ausgewählten Angeboten an Geschenken, Schuhen, Inneneinrichtungen, Haushaltsgeräten, Lebensmitteln, Schönheitsartikeln, Telefonie, Optikern und Bekleidungsgeschäften kann in der Médiacité dem niveauvollen Kaufrausch gefrönt werden. Die kulinarische Seite ist viefältig mit rund 20 Adressen, darunter: Délifrance, Cosy Pasta, Galler Chocolatier, Häagen Dazs, O'Tacos, YouWok, Australian Home Made Ice Cream … 2.350 Autoparkplätze, 200 gesicherte Fahrradabstellplätze und behinderten-/rollstuhlgerechten Zugangsmöglichkeiten. Die Médiacité liegt nur wenige Gehminuten zum Museum La Boverie und dem Boverie-Park entfernt (man kann hier gut parken, um die Ausstellungen im Museum La Boverie zu besuchen). Bis zum Bahnhof Guillemins sind es rund 20 Minuten zu Fuß über die Maasbrücke La Belle Liégeoise. Weiteres Einkaufszentrum: Belle Île en Liège, Quai des Vennes 1.

www.mediacite.be, www.belle-ile.be

Stylische Shopping-Mall in der Nähe des Parks de la Boverie

Die Pont de Fragnée

Die Engelsbrücke

8

19

Wunderschön ragen die vier riesigen Säulen an den Brückenzugängen über die Maas. Die Brückengeländer verzieren goldfarbene Sonnenornamente mit Antlitzen im Stile Louis XIV. Die Pont de Fragnée, schönste Brücke der Stadt, beeindruckt mit reichen Verzierungen und Statuen. Die 175 Meter lange und 17,2 Meter breite, genietete Stahlbrücke entstand 1901 bis 1904 über die Maas in Lüttich, dort, wo die Ourthe in die Maas mündet. Die komplette Stahlkonstruktion der ursprünglichen Brücke lieferte John Cockerill, der Lütticher Stahlbaron. Die Brücke wurde anlässlich der Weltausstellung 1905 gebaut. Sie ähnelt der schönsten Brücke von Paris, der Pont Alexandre III., die ihr als Vorbild diente. Im Zweiten Weltkrieg wurde die Brücke zerstört und nach originalen Plänen wiederaufgebaut. Der Lütticher Architekt Paul Demany (1859–1912) gestaltete die Granitpylone, Brückenpfeiler und die Balkone am Brückenauflager. Die Bronzefiguren entwarf und realisierte der wallonische Skulpteur Victor Rousseau (1865–1954). Seit 1993 wurden die Metallteile gereinigt, gesandstrahlt und erhielten einen neuen Anstrich. Die Zugänge zur Brücke wurden erneuert. Das Denkmal erhielt eine neue Beleuchtung, die der britische Künstler Yann Kersalé entworfen hat. Die Brücke verdient eine genauere Betrachtung, nicht nur weil man von ihr einen herrlichen Blick auf den Flussverlauf, die Maasinsel mit dem Parc de la Boverie und die passierenden Schiffe hat. An beiden Zugängen zur Brücke stehen je zwei stolze Säulen, auf denen Posaune blasende Engel aus Goldbronze thronen (deshalb der Name Engelsbrücke). Die mächtigen Bronzefiguren am Fuße der Pylonen (Säulen) auf jeder Seite der Brücke symbolisieren „Vieux fleuve“ (den alten Fluss) und „Nouveau fleuve“ (den neuen Fluss).

Tipp: Am Abend ist das Lichterspiel der Brückenbeleuchtung ein faszinierendes Panoramaschauspiel und bietet ein tolles Fotomotiv.

Voller dekorativer Eleganz: die Fragnée-Brücke

Die Passage Lemonnier

Schwestern in Brüssel, Mailand und Paris

9

C 3

Man darf sie getrost in einem Atemzug mit der Passage des Panoramas in Paris, mit der Galleria Vittorio Emanuele II in Mailand oder mit den königlichen Sankt-Hubertus-Galerien in Brüssel nennen: Die Lütticher Passage Lemonnier zählt zu den architektonischen Juwelen aus dem 19. Jahrhundert und wurde 2019 restauriert. Sie gehört der französischen Vereinigung Passage & Galeries an, die sich dafür einsetzt, dass sie als Weltkulturerbe anerkannt wird. Es ist die älteste Geschäftsgalerie Belgiens, im Herzen von Lüttich gelegen. Sie verbindet seit 1839 die Geschäftsstraße Vinâve d'Ile mit der Rue de l'Université. Die Architekten Louis-Désiré Lemonnier und Henri-Victor Beaulieu legten eine 168 Meter lange Galerie an, die in der Mitte von einer oktagonalen Rotunde unterbrochen wird, von der rechts und links Seitenflügel abzweigen. Die Korridore sind bewusst unterschiedlich lang, um eine Monotonie des Baus zu umgehen. An der Seite zur Vinâve d'Ile liegt ein versteckter Schatz, das Trocadéro-Theater mit seiner typischen Art-déco-Fassade aus dem Jahre 1926 und dem Aufführungssaal im italienischen Stil, ein bemerkenswertes Gebäude, das mehr als einen Blick wert ist. Die Passage ist vier Meter breit mit insgesamt 56 Häusern, in denen sich Luxusboutiquen mit international renommierten Marken befinden. Die Eingänge der Passage tragen kreuzgewölbte Decken, während die Galerie von einem Glassatteldach überspannt wird. Zu den alteingesessenen Läden in der Galerie (an Nr. 47) gehört der Optiker Declerck, ein Geschäft der ersten Stunde von 1839. Das Hemden- und Herrenbekleidungsgeschäft mit dem originellen Namen „100.000 Chemises" (100.000 Hemden) besteht seit 1890 am Eingang zur Rue de l'Université. Hohe Einkaufsqualität mit nostalgischem Charme prägt diese Galerie.

www.passagelemonnier.com

Lütticher Lebensart – Die Passage Lemonnier im Herzen des Carrés nahe der Oper ist mehr als 180 Jahre alt.

Die Bueren-Treppe

Auf den Lütticher Olymp

10

D 1

An der berühmten Montagne de Bueren, der pyramidensteilen Treppenstraße mit 374 Stufen in der Lütticher Altstadt stellt sich zumindest mir immer die Frage: Kopf hoch und hinauf, Horrorvorstellung oder Herausforderung? Gott sei Dank gibt es Alternativen (auch steil, aber gemäßigter) wie den romantischeren Umweg durch eine urige Gasse, den Impasse des Ursulines, am geheimnisvoll anmutenden Pfad Sentier des Terrasses, der auch auf die Höhe des Zitadellenhügels führt. Mit einem spektakulären Panoramablick über die Maasmetropole wird man immer belohnt. Die 374 Stufen haben es mit einer Steigung von 40 Prozent in sich. Sie wirken wie der Aufstieg zum Olymp. Warum gibt es diese einzigartige Treppenstraße überhaupt? Das wird sich mancher fragen. Erbaut wurde sie 1880 aus einem originellen Grund. Die Militärs aus der Zitadelle oben auf dem Hügel (heute ein Krankenhaus) gingen abends über die Rue Pierreuse in die Stadt und kehrten auf dem Weg dorthin in diverse „Beuglants“ (Etablissements) ein, was meistens in Krawall und Prügeleien endete. Die Stadt wollte dem Trubel Einhalt gebieten und ließ die Bueren-Treppe als Ausweichstraße bauen. Fortan gingen die Soldaten diese Treppe hinunter zum La Batte. Benannt ist die Treppe nach Capitaine Vincent de Bueren, der sich im Kampf gegen den Lüttich-Belagerer Karl den Kühnen an diesem Ort verdient gemacht hatte (allerdings rund 200 Jahre vor dem Bau).
Tipp: Die Touristinfo bietet verschiedene thematische Spaziergänge an, die viel Überraschendes bereithalten: Kapellen, Klostergebäude, Höfe, aber auch Grünflächen, Obstwiesen und kleine Parks – und natürlich den Panoramablick über die Stadt. Jedes Jahr am 1. Samstag im Oktober gibt es hier ein Lichterfest, das ganz Lüttich und viele Besucher fasziniert.

Es wird ganz schön steil.

Das Hôtel de Sélys-Longchamps

11

Flaggschiff der Lütticher Hotellerie

B 2

Das Hôtel de Sélys-Longchamps ist ein gotisches Bauwerk vom Beginn des 16. Jahrhunderts. Es wurde im 17. und 18. Jahrhundert umgestaltet und um 1911 für Maurice de Sélys-Longchamps noch einmal verändert. Das Stadtpalais besteht aus zwei u-förmig aneinanderliegenden Teilen, die ein gedrehtes H formen. Zur Straßenseite hin wird das Hôtel von einer Begrenzungsmauer geschützt, die ein Tor aufweist und zwei Giebelseiten verbindet. Das Eingangsportal aus dem 18. Jahrhundert führt auf einen Ehrenhof, um den sich der Wohntrakt und zwei Gebäudeflügel gruppieren. Zur Stadtseite hin stehen der Hauptfassade des Wohntraktes, die auf einen Terrassengarten hinausläuft, zwei Flügel bei. Der linke Flügel hat einen Giebel mit Voluten und Fries. Der rechte Flügel weist an der Fassade einen Rundturm auf (13. Jahrhundert). Das Ensemble der Gebäude zeigt typisch gotische Charakteristiken (Dreipassbogen, Dreipassmaßwerk, Arkade, Gewölbekappendecke) und Elemente traditioneller Architektur (Kreuzfenster, Stabwerkfenster, Türschwellen und mit Ziermauerleisten verlängerte Durch-/Übergänge, Gitterstabrahmen), aber man findet auch rekonstruierte Teile, die von der italienischen Renaissance beeinflusst sind (monumentale Türen und Dachgauben der Fassade an der Straßenseite). Beachtenswert sind bestimmte Innendekorationen, die dem Stadtpalais seinen Charakter verleihen: Stuck, chinesische Dekors und Kunsttischlerarbeiten. Heute ist aus dem Ensemble das Van der Valk Hotel Sélys entstanden, ein außergewöhnlicher Ort, dank der gelungenen Melange aus historischer Architektur, modernem Hotelkomfort und Hanglage. Das Haus liegt am Hügel Publémont in der Nähe des Place Saint-Lambert und der Lütticher Oper. Der Eingang befindet sich auf dem Mont Saint-Martin 9–11 im ehemaligen Hôtel des Comtes de Barbenson, später de Méan (siehe Ort 88).

www.hotelselys.be

Blick auf die Terrasse im Innenhof des Hotels

Die Cité Miroir

Kunst, Kultur und Kacheln

12

C 2

Ein außergewöhnliches Gebäude steht am Place Xavier Neujean, 22. Mit seiner Helligkeit bildet es einen Kontrast zum dunklen Gebäude der über 1.000 Jahre alten Kirche Saint-Jean-l'Evangéliste gleich nebenan, ein typisches Phänomen für die Lütticher Stadtentwicklung. Die Cité Miroir ist ein besonderer Ort im ehemaligen Schwimmbad Sauvenière in Lüttich. Die einstigen Bäder und Thermen der Sauvenière wurden 1936 erbaut und von 2009 an komplett verwandelt. 2014 benannte man den Ort um in Cité Miroir – Spiegelstadt. Ein Bildungs-, Austausch- und Bürgerstandort, ein Ort des Dialogs zwischen den Kulturen, ein Ort, um Erinnerungen aufzuarbeiten. Mitten im Stadtzentrum beeindruckt das Gebäude in seiner majestätischen Bauweise im Bauhausstil. Konferenzen, Theater, Musik, Dialog und Ausstellungen gehören zum Programm des Hauses, das seine Vergangenheit als Schwimmbad sichtbar nicht verleugnen möchte. Die architektonische Meisterleistung bei der Umgestaltung bestand darin, modernste Elemente und Installationen mit der Monumentalität der Architektur zu kombinieren, beispielsweise die Omnipräsenz zahlreicher nobler Materialien wie das Glas der großen Kuppel aus der berühmten Lütticher Cristallerie Val Saint-Lambert. Der Bereich des ehemaligen großen Beckens dient temporären Ausstellungen. Die erhaltenen Stufen, Leitern und Beckenumrandungen (letztere haben LED-Beleuchtung) halten die Erinnerung an die Geschichte des Ortes lebendig. Schwarze, halbpolierte Kacheln reflektieren wie ein Spiegel die Gewölbe in über zwölf Metern Höhe. Die großen Bögen der Gewölbe sind wieder sichtbar. Vorher wurden sie durch die Decke verborgen.

www.citemiroir.be

Reflexionen in der „Spiegelstadt“

Das Théâtre de Liège

Lüttichs erste Bühne

13

C 3

1779 gründete Fürstbischof von Velbrück die Société Libre d'Émulation. Sie widmet sich der Pflege der Literatur, der Wissenschaft und der Künste. Das Émulation – das Gebäude in dem diese Gesellschaft der Weisen ihren Sitz hatte, florierte bis zum 20. August 1914. Dann wurde es während der Besatzung durch die Deutschen völlig zerstört. Das Émulation wurde 1939 durch den Architekten Julien Koenig im neoklassizistischen Stil, aber mit den modernen Mitteln und Techniken der Zeit wiederaufgebaut. 60 Jahre später stand es leer und verfiel zusehends. 1998 wurde es als schützenswertes Denkmal eingestuft und gleichzeitig in die Liste der gefährdeten Denkmäler aufgenommen. Im Jahr 2000 fiel dann die Entscheidung, das Émulation zu restaurieren und dort das Theater Lüttich (Théâtre de Liège) unterzubringen, das damals provisorisch auf dem Place de l'Yser installiert war. Das Gebäude wurde im Oktober 2013 eingeweiht. Es wurde hauptsächlich aus Holz, Beton und Glas gestaltet. Hier mischen sich Neoklassizismus und zeitgenössisches Design. Säulen, Stuckarbeiten und Vergoldungen harmonieren mit dem Vitra Mobiliar von Jean Prouvé, einem berühmten französischen Designer. Die Atmosphäre im Haus ist schlicht und warm. Das Théâtre de Liège verfügt aktuell über eine Nutzfläche von 7.800 Quadratmetern mit zwei Theatersälen, einer Kunstgalerie und einem Raum für Proben. Es zählt zu den vier Schauspielhäusern der Föderation Wallonie-Brüssel. Das reichhaltige und vielfältige Programm umfasst Schöpfungen großer belgischer und internationaler Regisseure, zum Teil mit Schauspielern von internationalem Ruf (Isabelle Huppert, Mélanie Laurent, Emmanuelle Béart, Toni Servillo …), aber auch mit Nachwuchstalenten.

Genusstipp: Le Balcon de l'Émulation, Restaurant in den prächtigen Salons im zweiten Stock sowie im Parterre des Café des Arts mit Vitra Mobiliar.

www.theatredeliege.be

Fassade des Théâtre de Liège

Die ehemalige Fleischhalle

Hier legten früher Schiffe an

14

D 2

Der Anlaufpunkt für Lüttich-Besucher, die Informationen und Empfehlungen suchen, ist zugleich das älteste zivile Gebäude der Stadt am Quai de la Goffe in der Lütticher Altstadt. Hier kann man sich mit Informationsmaterial in deutscher Sprache, mit Tipps, Lütticher Spezialitäten und Souvenirs eindecken. Ideal auch für eine kleine Schmökerpause. Das Wappen der Fleischerzunft, die man in Lüttich Les Mangons nennt, schwebt über jedem Eingang zur Halle. Im Laufe des 13. Jahrhunderts entstehen in Lüttich die ersten Handwerkszünfte. Unter den Zünften spielt die der Fleischer eine bedeutende Rolle. Lüttich hat Anfang des 15. Jahrhunderts 32 Handwerkszünfte, die *Bons Métiers* genannt werden. Diese Zünfte bestehen bis zur Revolution fort und nach der Revolution bleibt die Erinnerung an sie lebendig. Noch heute gibt es eine Fleischerinnung, deren Aufgabe in der Verteidigung und Förderung des Fleischerberufs in der Region Lüttich besteht. Zwischen 1544 und 1546 für die Fleischerzunft erbaut, blieb die Fleischhalle bis 1980 in Betrieb. Mit einer Länge von 42 Metern und einer Breite von 15 Metern war sie ursprünglich vollständig in das Stadtbild integriert. In den 1990er-Jahren komplett renoviert, beherbergt sie heute die Tourismuszentrale der Stadt Lüttich. Dank der jüngsten Restaurierung konnten das wunderschöne Gebälk des 16. Jahrhunderts und die Kalksteinsäulen aus der gleichen Zeit zur Geltung gebracht werden. Die Halle wird durch eine Terrasse in der Form eines Schiffsbugs verlängert. Auf dieser Terrasse erweckt eine 27,5 Meter hohe Douglastanne den Eindruck eines hohen Schiffsmastes. Zusammen mit ihrem Zwilling, ein paar Meter nebenan, erinnert dieser „Mast“ daran, dass hier mehrere Jahrhunderte lang zahlreiche Schiffe anlegten.

www.visitezliege.be/de

Heute ist hier die Touristinformation der Stadt Lüttich untergebracht. Im Hintergrund ein Modell der Kathedrale Saint-Lambert.

La Boverie

Ein „Louvre" für Lüttich

15

H/I 7

Am 5. Mai 2016 öffnete das Museum der Schönen Künste von Lüttich, La Boverie, im ehemaligen Palast der Weltausstellung von 1905. Eine Partnerschaft mit dem Louvre in Paris sorgt für Sonderausstellungen mit internationalem Renommee. Das prächtig restaurierte und erweiterte historische Gebäude mit seinen mächtigen Säulen steht im Parc de la Boverie auf einer grünen Insel zwischen der Maas und dem Kanal Dérivation unweit des von Santiago Calatrava entworfenen Lütticher Bahnhofs. Mit dem Umbau wurde der bekannte Architekt Rudy Ricciotti betraut. Ricciotti legte Wert darauf, die bestehenden Bauten und den Park zu erhalten, weshalb er sich auf die historischen Merkmale des Gebäudes konzentrierte. Das auffälligste neue Element ist eine verglaste Verlängerung, die wie ein neuer Flügel in Richtung Osten eingefügt ist und über das Ufer des Kanals ragt. Park und Museum können vom Guillemins-Viertel aus direkt über die neue Fußgängerbrücke erreicht werden. Die Dauerausstellung auf einer Ebene des Museums wird die schönsten und wichtigsten Exponate bildender Kunst aus der Sammlung der Stadt Lüttich präsentieren. Werke von Künstlern wie Lambert Lombard, Gérard de Lairesse, Ingres, Gauguin, Chagall, Picasso, Evenepoel, Delvaux und Magritte beleuchten die Modernität der Kunst in allen Epochen, von der Renaissance bis heute. Darüber hinaus ist ein reichhaltiges Kulturprogramm im Repertoire, das sämtliche Kunstformen beinhaltet. Die obere Ebene des Museums bietet auf etwa 3.000 Quadratmetern Raum für Sonderausstellungen, die allein von der Stadt Lüttich oder in Zusammenarbeit mit dem Pariser Musée du Louvre und anderen namhaften Museen organisiert werden. Präsentation auch auf Deutsch.

Genusstipp: Madame Boverie, Café-Sandwich-Bar im Museum mit Terrasse und Erker mit Grün. Blick auf den Park.

https://de.laboverie.com

Lüttichs Kulturtempel Nr. 1: La Boverie

Das Supermuseum Grand Curtius

16

E 2

Fünf Einzelsammlungen unter einem Dach

Das Curtius-Haus, nach dem Lütticher Waffenhändler Curtius benannt, liegt unweit des Marktfleckens La Batte direkt an der Maas. Es ist das Prunkstück des historischen Lüttichs und seit 2009 zu neuen, großen Ehren gekommen. Aus Curtius wurde Grand Curtius, ein Ensemble von ehemals fünf Einzelmuseen unter einem Dach. Eine beachtenswerte Architektur vereint verschiedene Baustile in einer harmonischen Gesamtgestaltung, die die Moderne mit geschichtsträchtigen Lütticher Gebäuden verbindet. Zum „Supermuseum" zählen die Sammlungen aus dem Waffenmuseum, dem Glasmuseum, dem Hôtel de Hayme de Bomal für dekorative Kunst, dem Archäologischen Museum sowie dem Museum für religiöse und maasländische Kunst. Mit einbezogen ist auch als Eckpfeiler das alte Ansembourg Museum der Lütticher Wohnkultur von 1740, ein Schmuckstück mit prächtigen Intérieurs und Sammlungen. Nicht minder kunstvoll und ein echter Geheimtipp ist das Hôtel de Hayme de Bomal, ein Museum für dekorative Kunst mit klassizistischer Innenausstattung, die eine Augenweide ist. Es ist als ein Seitenteil des Grand Curtius in das Ensemble integriert. Der ganze Komplex des Grand Curtius erstreckt sich auf rund 10.000 Quadratmetern. Die Hälfte davon ist als Ausstellungsfläche vorgesehen. Die Exponate aus den Bereichen der Glaskunst etwa und der Geschichte der Waffenherstellung (mit neuer Szenografie) genießen weltweite Reputation und werden mit eigenen Abteilungen im Großmuseum gewürdigt. Der Grand-Curtius-Komplex mit seinen Glaserkern, dem Garten und den Innenhöfen verbindet die Straße En Féronstrée mit dem Quai de la Batte an der Maas. Er ist von beiden Seiten zugänglich. Präsentation auch auf Deutsch.

www.lesmuseesdeliege.be

www.grandcurtius.be

Das Curtius-Haus, typischer Maasstil

Das Museum für wallonische Volkskunde

17

C 1

Musterbeispiel für Architektur und Leben in der Wallonie

Es ist eines der schönsten Museen der Stadt und ein Musterbeispiel maasländischen Stils mit lupenreinen Fassaden und einem wunderschönen Innenhof mit Säulengängen. Nachdem es 1343 von den Franziskanern erbaut worden war, galt es als zentraler Ort des öffentlichen Lebens der feurigen Stadt, dem zahlreiche Bestimmungen zugeteilt wurden. Abwechselnd war es Kloster, Zufluchtsort, Markt, Stadtarsenal usw. und wurde im 17. Jahrhundert vollständig im Maasstil neu aufgebaut. Nach der Französischen Revolution mussten die Mönche das Kloster 1796 verlassen. Später, am Ende des Zweiten Weltkriegs, wurde das Gebäude durch eine Fliegerbombe schwer zerstört. Das offiziell im Jahre 1913 gegründete Museum für wallonische Volkskunde befand sich zunächst in den Nebengebäuden des Curtius-Hauses (1925). Mit der zunehmenden Anzahl an Sammlungen wurde das Museum nach und nach im ehemaligen, zwischen 1963 und 1971 neu aufgebauten Kloster untergebracht. Auf zwei Etagen verteilt, bringt das Museum anhand unterschiedlicher Themen und einer großen Vielfalt von Ausstellungsobjekten die Wallonie in all ihren Facetten den Besuchern näher. Es gibt zum Beispiel die letzte Guillotine von Lüttich zu bestaunen. Man erfährt eine Menge über dieses traditionelle, kreative, geschichtsträchtige Land mit all seinen Besonderheiten und auch Erfindungen. Geschichte, Kultur, Wirtschaft, Geografie, Revival, Alltagsleben, Konsum, Religion, Feste und Traditionen, Technik, Industrie, Recht, Wissen und künstlerische Berufe bilden einen Streifzug durch Vergangenheit und Gegenwart. Sie liefern aber zugleich einen Blick auf die Wallonie von Morgen. Der audiovisuelle Rundgang durch die großzügig ausgestalteten Räumlichkeiten kommt durch eine moderne Museografie und Szenografie zur Geltung. Im Souterrain gibt es zudem ein Marionettentheater. Präsentation auch auf Deutsch.

Genusstipp: Das hippe Café des Museums, Le Cloître, mit Ökodesignkonzept aus recycelten Materialien ist erlebenswert.

www.lesmuseesdeliege.be

Designercafé des Museums

Das Museum Ansembourg

Original erhaltenes Interieur

18

E 2

Das eher etwas unscheinbar wirkende, in rotem Anstrich gehaltene Museum Ansembourg an der Rue En Féronstrée, unmittelbar neben dem Grand Curtius, zu deren Ensemble es eigentlich gehört, gerät im Vergleich zu den Supermuseen wie La Boverie etwas in den Hintergrund. Aber das Museum hat es in sich. Seine Interieurs verwöhnen das Auge. Es ist in einem sehr hübschen klassizistischen Gebäude untergebracht (eines der prächtigsten der Stadt), das ursprünglich ein „Hôtel particulier" (Stadtpalast) war, das zwischen 1738 und 1741 für den Kaufmann und Bankier Michel Willems im Régence-Stil gebaut wurde. Es ist vergleichbar mit dem Couven-Museum in Aachen. In der Tat gilt es als wahrscheinlich, dass der große Aachener Architekt Johann Joseph Couven es entworfen hat. Der Besitz ging nach 1788 in die Hände der Ehefrau eines Grafen von Ansembourg über, nach dem das Museum auch benannt wurde. Die Stadt Lüttich erwarb das Stadtpalais im Jahr 1903. Später entstand hier ein Museum für dekorative Kunst, das dem Publikum seit 1905 seine Pforten öffnete. Gegenwärtig sind herrliche Räume und Objekte in großer Zahl auf zwei Etagen vorhanden: alter Stuck, bemalte Decken, lederne Wandbespannungen, Spiegel, Paneelen, Tapisserien aus Oudenarde, zwei Gemälde der Lütticher Künstler Gérard de Lairesse und Léonard Defrance. In einer prächtigen Küche lassen sich die Delfter Fayencen bewundern, mit denen diese ausgeschmückt ist. Die Möbel des Museums sind Teil einer Sammlung, die vollständig wiederhergestellt werden konnte. Dem Besucher fallen auch mehrere zusammengehörende Kronleuchter und Wandleuchten aus venezianischem Glas auf, die im Maastal im 18. und 19. Jahrhundert hergestellt wurden.

www.lesmuseesdeliege.be

Das Museum bleibt voraussichtlich bis 2021 wegen Renovierung geschlossen. Hier das Treppenhaus.

Das Museum des öffentlichen Nahverkehrs

19

Die Tram kommt 2022 wieder nach Lüttich

17

Wie es früher im öffentlichen Nahverkehr des Lütticher Landes aussah, verrät ein tolles Museum. Es wendet sich nicht nur der Vergangenheit zu, sondern zeigt auch die Herausforderungen der heutigen Mobilität sowie innovative Projekte im Bereich der nachhaltigen Mobilität in Belgien und in der Welt. In dieser großen, ehemaligen Depothalle der Lütticher Verkehrsbetriebe sind rund 40 historische Transportmittel aus der Zeit vom 18. Jahrhundert bis in die Gegenwart ausgestellt, von der Postkutsche, dem Taxi, über Pferde- und elektrische Straßenbahnen bis zu Oberleitungs- und Trolleybussen. Auf dem Rundgang staunt man nicht schlecht, wenn man plötzlich vor drei alten Straßenbahnwaggons aus Aachen steht. Diese Schmuckstücke wurden dem Museum als Dauerleihgabe zur Verfügung gestellt, da einfach in der Heimat der Platz fehlte. In Lüttich tauchte 1871 die erste Straßenbahn auf (und ab 2022 wird sie wieder fahren). Eines der hier ausgestellten Modelle stammt genau aus dieser Zeit (1875) und ist ganz in Rot, der Farbe der Lütticher Straßenbahnen, gehalten. Der elektrische Strom war für die Straßenbahn die einzig wahre Zukunftslösung, denn die Pferdetram wurde zu kostspielig. Schon 1893 fuhren die ersten elektrischen Straßenbahnen durch Lüttich. Das Schienennetz erstreckte sich bis aufs Land, wo die Lokalbahnen mit elektrischen Triebwagen fuhren. Auf diesen Schienen war auch bis 1968 die letzte Lütticher Straßenbahn, die berühmte grüne Bahn noch unterwegs. Der Oberleitungsbus war bei den Lüttichern sehr beliebt. Denn er ist zu 100 Prozent ein wallonisches Produkt. Lüttich war die Stadt mit dem größten Trolleybusnetz in ganz Europa. Ihre topografische Lage und die Hügel machten den Einsatz dieser leistungsfähigen Maschinen notwendig. Denn da, wo die Straßenbahn blockiert war, kam der Oberleitungsbus weiter. Am 9. November 1971 hat dieses öffentliche Verkehrsmittel schließlich seine letzte Fahrt durch Lüttich angetreten. Präsentation auch auf Deutsch.

www.lesmuseesdeliege.be

Alte Liebe rostet nicht – etwas *für echte Fans von Tram und Co.*

Das Aquarium-Museum Lüttich

Auge in Auge mit den Spezies

20

D 4

In einem Gebäude der Lütticher Universität am Quai Van Beneden direkt an der Maas befindet sich das Aquarium-Museum. Die etwas angestaubten Räumlichkeiten und Säle zeigen dennoch eine bemerkenswerte Auswahl an Meeresbewohnern. Das Aquarium, das zu Ehren des damaligen Rektors der Universität Lüttich zum Zeitpunkt seiner Gründung 1962 den Namen „Dubuisson Aquarium" erhielt, lädt seine Besucher ein, in die Welt des Wassers einzutauchen. Es zählt 46 Bassins und 2.500 Tiere, die 150 Arten aus der ganzen Welt repräsentieren. In diesem Aquarium sind die Wasserbecken im Saal der Artenvielfalt wie ein Schaufenster zur Unterwasserwelt. Hier erlebt und begegnet man Arten aus dem Mittelmeer, den warmen Meeren, aus Flüssen, Bächen und Seen der gemäßigten Regionen, aber auch aus den Tropen. Der Saal „Haifische und Korallenriffe" beherbergt ein Aquarium mit dem farbenprächtigen Universum der Riffe und ihren Bewohnern, ein Bassin, das den schwarz gepunkteten Haifischen gewidmet ist und eine Dauerausstellung über Korallen. Ein weiteres Aquarium der tropischen Lagune ist hinzugekommen. Das Zoologiemuseum auf der obersten Etage zeigt rund 20.000 Arten, ausgestopft oder als Skelett, die von allen Kontinenten stammen und die Evolution und die Vielfalt der Tierwelt anschaulich machen: vom kleinsten Insekt über den Delphin, den Koalabären, den Gorilla, den Elefanten bis zur Anakonda und der Vogelspinne …, ohne das 19 Meter lange Walskelett zu vergessen, das wirklich mächtig beeindruckend ist. Im Raum TréZOOr sind Exemplare mit einem großen wissenschaftlichen, historischen oder künstlerischen Wert ausgestellt. Ein originalgetreu nachgebauter Kiefer eines Megalodon, eine Art ausgestorbener Riesenhai, ist der Hit. Präsentation auch auf Deutsch.

www.aquarium-museum.be

Megaspaß für Kinder, mit großem Lernfaktor

Spurensuche im Archéoforum

Ein über 1.300 Jahre alter Tatort

21

C 2

An der Stelle des heutigen Place Saint-Lambert wurde 706 der heilige Lambert (Bischof von Lüttich und Maastricht) gemeuchelt – die Geburtsstunde der Stadt Lüttich. Einst stand hier eine der größten gotischen Kirchen nördlich der Alpen. Die Kathedrale Saint-Lambert wurde 1794 während der Lütticher Revolution niedergerissen. Die auffallenden Metallsäulen auf dem Platz vor dem fürstbischöflichen Palast sollen den gewaltigen Grundriss der zerstörten Kathedrale verdeutlichen. (Ein Modell der alten Kathedrale ist im Touristinfo am Quai de la Goffe zu sehen.) Doch man muss schon in den Untergrund des Platzes, um ihren Spuren und ihrer Geschichte folgen zu können. Seit den 1970er-Jahren sind hier erfolgreich Ausgrabungen vorgenommen worden. Die Ergebnisse werden in einer modernen didaktischen Ton- und Lichtinszenierung gezeigt, im sogenannten Archéoforum. Dessen Eingang liegt etwas versteckt seitlich des großen Busbahnhofs, der den Platz beherrscht. Es werden mehr als 9.000 Jahre Geschichte dieses Ortes, von der Vorgeschichte über die Römerzeit und die Zeit der Ermordung des heiligen Lambert bis zur Zerstörung der Kathedrale Saint-Lambert während der Französischen Revolution anschaulich gemacht. Man kann die Spuren der Besiedelung dieser Stätte in der Prähistorie nachverfolgen, die Überreste einer gallorömischen Villa sowie vier Kirchen und Kathedralen, die zwischen dem 8. und 15. Jahrhundert erbaut wurden, entdecken. 3.725 Quadratmeter Fläche sind mit einem Parcours inszeniert und machen das Archéoforum zu einem der größten urbanen, archäologischen Grabungsorte in Europa. Der Rundgang ist mit I-Pads organisiert, auch auf Deutsch.

www.archeoforumdeliege.be

Unter dem Place Saint-Lambert liegt das Archéoforum verborgen.

Das Museum Grétry

Lüttichs großer Komponist

22

E 3

Ebenso wie George Simenon hat auch ein weiterer großer Künstler, der in Lüttich geboren wurde, die Stadt verlassen, um in Paris Weltkarriere zu machen. André-Modeste Grétry (1741–1813) genoss seine musikalische Ausbildung in Rom und Bologna, wo er zu den Schülern von Padre Martini (Giovanni Battista Martini) gehörte. Er kannte bis dahin nur die religiöse Kunst und begeisterte sich für den Überschwang der Italiener. 1766 beauftragte ihn der Direktor des Alberti-Theaters mit der Komposition von Karnevalsmusik, es entsteht das Intermezzo „La Vendemmiatrice". Voltaire bewegte ihn dann zu seiner Übersiedlung nach Paris, wo er von Jean-François Marmontel protegiert wurde. Hier begann auch seine eigentliche Karriere: Er gelangte in einer für die damalige Zeit neuen Musikgattung, der Opéra comique, zu Berühmtheit. Mit Verve und melodischer Frische führte Grétry diese Kunstform zu höchster Vollendung. Von Charles de Montalembert erhielt er den Auftrag, den Huron aus „L'Ingénu", einen Kurzroman von Voltaire, zu vertonen. Die Oper hatte einen solchen Erfolg, dass Grétry sogar am Hofe Ludwig XV. empfangen wurde. Mit dem Machtantritt Ludwig XVI. übernahm er das Amt des Musiklehrers Marie Antoinettes. Ab dem Zeitpunkt wurde Grétry wirklich berühmt. Während der Französischen Revolution schrieb er die Oper „Wilhelm Tell", eine Hymne an die Freiheit. Napoleon machte ihn zum Ritter der Ehrenlegion. Als Grétry 1813 starb, gab ihm die Stadt Paris mit einer prunkvollen Zeremonie das letzte Geleit. Er wurde auf dem Friedhof Père Lachaise beerdigt. Die Stadt Lüttich überführte 1828 sein Herz in die Heimat. Es befindet sich nun im Sockel seiner Statue vor der Königlichen Oper der Wallonie (Opéra Royal de Wallonie). Das Geburtshaus des Komponisten ist heute ein sehenswertes Museum in der Rue des Récollets 34 in Outremeuse. Musikinstrumente, Partituren, Bücher und handgeschriebene Briefe, die dem Künstler gehörten, sind hier ausgestellt.

www.lesmuseesdeliege.be

Innenansicht des Museums

Das Préhistomuseum in Flémalle

23

Archäologe, Höhlenforscher und Mammutjäger

Durch das große Industriebecken bei Seraing an der Maas entlang geht es nach Flémalle, rund 20 Minuten vom Lütticher Zentrum entfernt. Grundlage für diesen Park ist die Grotte von Ramioul, seit 1938 als Naturerbe klassifiziert, und der sie umgebende 30 Hektar große Wald. Es ist europaweit eins der größten Museen (12 Themenbereiche) zur Vorgeschichte. Nur wenige Meter vom Eingang entfernt fällt der riesige, mehr als 3.000 Quadratmeter Fläche bietende Kubus aus rostbraunem Kortenstahl ins Auge. Im Empfangsbereich kann man sich für die einzelnen prähistorischen Aktivitäten wie Feuerstein bearbeiten, Speerschleuder- oder Bogenschießen unter Anleitung eines Animateurs anmelden. Es ist zudem ein Ausstellungs-, Wissenschafts- und Dokumentationszentrum, in dem 500.000 Objekte verschiedener Epochen archiviert sind. Mit audiovisuellen Tablets (auch in deutscher Sprache) kann man sich die einzelnen Objekte im 3-D-Format auf den Bildschirm holen und entsprechende Informationen ablesen. Und draußen? Feuer machen wie in der Altsteinzeit an Feuerstellen vor typischen Tipis aus dieser Zeit ist vor allem für Kinder aufregend, natürlich unter fachkundiger Anleitung in Anwesenheit von Erwachsenen. Und wer hat schon einmal gemeinsam im Team einen schweren Koloss von Menhir mit purer Muskelkraft aufgestellt? Die von der experimentellen Archäologie geprüften Techniken machen das möglich. Der gesamte prähistorische Park ist auch in deutscher Sprache beschildert. Es gibt deutschsprachige Guides. Das Préhistomuseum ist aufgrund seiner großartigen pädagogischen Ausrichtung auch für Schulausflüge und Klassenfahrten interessant. Die Grotten waren 1928 die ersten in Belgien, die mit elektrischem Licht ausgestattet wurden, und sie sind auch jetzt wieder die ersten, die ganz ohne elektrisches Licht besichtigt werden können, nur mithilfe einer Stirnlampe.

www.prehisto.museum

Prähistorischer Park mit Ausstellungs-, Wissenschafts- und Dokumentationszentrum

Das Haus der Metallurgie und der Industrie

Tempel der industriellen Revolution

24

16

Hier blicken den Besucher 500 Jahre technischer Fortschritt an. Schon die Mauern des Museums erzählen die Geschichte der Metallurgie, weil diese Anlage von den Brüdern Dothée im Jahr 1848 als Blechfabrik gegründet wurde. Grundlage des Museums sind zwei Themen in zehn Sälen: die Geschichte der Metallurgie und der Energie. Der erste Saal erläutert die Verfahren der Metallherstellung: eine Technik, die sich seit Jahrhunderten im Prinzip kaum verändert hat. Der Zink-Saal erzählt die Geschichte dieses nichteisenhaltigen Metalls, das sich nur mit Schwierigkeiten chemisch reduzieren lässt, da es sehr schnell oxidiert. Jean-Jacques Dony (1759 in Lüttich geboren) wusste diese Technik perfekt zu handhaben. Der John-Cockerill-Raum ist dem Vater der industriellen Revolution des 19. Jahrhunderts in Lüttich gewidmet. Neben verschiedenen Objekten des Ingenieurs kann der Besucher ein Modell des koksgefeuerten Hochofens entdecken, das wunderbar illustriert, was Metallurgie zur damaligen Zeit war. Das Abenteuer Elektrizität beginnt mit dem galvanischen Element (1799), das um 1850 die elektrische Beleuchtung der Pariser Oper möglich machte. Diese Erfindung wurde perfektioniert, als der Lütticher Zénobe Gramme 1869 den Vorläufer des Dynamos erfand, der die Welt veränderte. Der zweite Prototyp seines Dynamos ist in dem Saal zu sehen, in dem sich die Ausstellung der Elektrizität widmet. Dampfmaschinen stellen einen der Pfeiler der großen industriellen Revolution dar. Diese entsteht in der zweiten Hälfte des 18. Jahrhunderts in Großbritannien und kommt zu Beginn des 19. Jahrhunderts zu uns, ein Jahrhundert, das im Laufschritt vergeht, den Cockerill vorgibt. Juwel dieses Saals ist die mächtige Dampfmaschine von Ambresin, eine der wichtigsten in Europa erhalten gebliebenen Dampfmaschinen überhaupt. Informationen in deutscher Sprache gibt es am Empfang. Dem Erfinder Zénobe Gramme ist an der Pont de Fragnée ein beeindruckendes Denkmal gesetzt worden, nur wenige Meter vom Museum entfernt.

www.mmil.be

Industriegeschichte pur

Die St. Jakobus Stiftskirche

25

C 4

Große gotische Kirchenbaukunst

Die St. Jakobus Stiftskirche (Saint-Jacques) liegt am Place Emil Dupont. Sie ist wohl das schönste und feinste der Lütticher Gotteshäuser und gilt als das bemerkenswerteste Denkmal der Spätgotik in Belgien. Die einstige Abteikirche der Benediktiner wurde 1016 gegründet. Ihre Pracht ist stilistisch von verschiedenen Epochen geprägt: durch den romanischen Vorbau aus dem 12. Jahrhundert, dem gotischen Kirchenschiff im sagenhaften Flamboyantstil (1514–1538) und dem Renaissanceportal (mit interessanter Sandsteinskulptur im Eingangsbereich) des Lüttichers Lambert Lombard aus dem Jahre 1558. Im Inneren imponieren die außergewöhnlichen, farbenprächtig verzierten Gewölbedekors mit prismatischen Fächern, in dessen Mitte sich ein gemaltes Rundbild und an jeder Kreuzung der Rippen ein geschnitzter Schlussstein befindet. Die Säulen des Hauptschiffes zieren Barockstatuen aus Lindenholz, größtenteils von Jean Del Cour, dem berühmten Lütticher Bildhauer (17. Jahrhundert). Der Chor ist ebenfalls eine Kostbarkeit im Flamboyantstil. Die Rippen des Gewölbes bilden einen zehnarmigen Stern und der Schlussstein stellt den glorreichen Christen dar, der von zehn geschnitzten Engeln umgeben ist. Die monumentalen Fenster (1525–1531) gehören zu den schönsten in ganz Belgien. Bemerkenswert sind die Chorstühle aus dem 14. Jahrhundert (elegante Profile und wertvolle Verzierungen) sowie die schraubenförmige Doppeltreppe zur Empore der Bürgermeister. Am Ende des Hauptschiffes befindet sich eine famose Orgel aus der Renaissance (1600). In der Kirche trifft man generell auf ehrenamtliche Mitarbeiter, die einem gerne die Details der Kirche näher erläutern (ggf. auch in deutscher Sprache).

Tipp: Von der Empore der Bürgermeister beim Ausgang der Kapelle rechts hat man einen bezaubernden, sehr nahen Blick auf die Fenster des Chors und ihre Motive.

www.visitezliege.be

Flamboyantstil in Saint-Jacques

Die Kathedrale Saint-Paul

26

Mit der größten in Europa erhalten gebliebenen Reliquiarbüste der Spätgotik

C 3

Wenn die Restaurierungsarbeiten 2021 abgeschlossen sind, strotzen die sandgestrahlten Fassaden des Bauwerks in herrlichem Original. Saint-Paul ist Lüttichs gotische Kathedrale aus dem 13. Jahrhundert. Sie trat dem Rang nach an die Stelle der zerstörten Mutterkirche, der Kathedrale Saint-Lambert, die ursprünglich auf dem heutigen Place Saint-Lambert vor dem Fürstenpalast stand. Im Innern beeindrucken die wundervollen Gewölbe aus sich kreuzenden Spitzbögen mit schönem, gemaltem Dekor aus Ornamenten, Tierabbildungen und anderen typischen Elementen des 16. Jahrhunderts und der Renaissance. Die großen Fenster, vor allem des Querschiffs, sind ein Farbentraum und mit sehr schönen gotischen Netzlinien versehen. Die Turmuhr und das Glockenspiel mit 42 Glocken stammen aus der Kathedrale Saint-Lambert. Die Kirche ist mit eindrucksvollen Werken von Jean Del Cour aus dem Barock (u. a. Sankt Peter und Paul, der Tote Christus, der bronzene Christus, anbetende Engel, Johannes der Täufer) sowie zahlreichen wertvollen Gemälden (u. a. die Kreuzabnahme, die Taufe Christi, Maria Himmelfahrt) gespickt. Die Kathedrale besitzt zudem neugotische Kunstwerke. Außergewöhnlich sind davon der Hochaltar, die Chorstühle und die Kanzel aus Marmor.

Ein Muss: Die Schatzkammer mit u. a. byzantinischen und maasländischen Elfenbeinarbeiten, Manuskripten, Skulpturen, Gemälden (15.–18. Jahrhundert). Besonders kostbar: das Reliquiar des Charles le Téméraire (Karl der Kühne von Burgund) aus circa 5 kg Gold und das Lambertus-Reliquiar, die größte in Europa erhaltene Reliquiarbüste der Spätgotik. Die riesige Büste mit den Maßen von 1,59 Metern Höhe und 1,07 Metern Breite wurde vor 1512 in Aachen durch den Goldschmied Hans von Reutlingen angefertigt. Sie birgt eine Reliquie des Schädels des Heiligen. Gestiftet wurde sie von Erhard von der Marck, Fürstbischof von Lüttich (1505–1538). Er spendete für das Werk rund 10 kg Gold und Silber sowie die Juwelen und Perlen. Präsentation auch auf Deutsch. Sehr schön: Der anmutige Garten des Kreuzgangs ist zugänglich – eine Oase der Ruhe.

www.cathedraledeliege.be

Einer der schönsten Kreuzgänge in Belgien

Die Stiftskirche Saint-Barthélemy

Mit einem Meisterwerk der maasländischen Goldschmiedekunst

27

E 1

Saint-Barthélemy ist eines der sehenswertesten Baudenkmäler der Stadt. Die Kirche stammt vom Beginn des 11. Jahrhunderts unter Fürstbischof Baldéric II., dem Nachfolger Notgers. Sie wurde komplett restauriert und erstrahlt in wunderschönen Interieurs und fabelhaftem Weiß sowie dem bemerkenswerten rot-beigen Anstrich des Äußeren. Man sieht, wie farbenfroh das als gemeinhin finster geltende Mittelalter in seinen Bauwerken wohl gewesen sein muss. Der sogenannte Westbau, der westliche Vorbau mit den Türmen aus Sandstein, ist romanischen Ursprungs, mit seinen „blinden" Rundbögen und Bogenfriesen. Er wurde durch ein neoklassisches Portal (1782) erweitert, was seine strenge, festungsähnliche Wucht milderte. Der wohl größte Schatz der Kirche Saint-Barthélemy und eine der berühmtesten Goldschmiedearbeiten des Landes sowie des ganzen Mittelalters ist das außergewöhnliche Bronze-Taufbecken. Es wird Renier de Huy zugeschrieben (das gilt aber als umstritten) und stammt aus dem 12. Jahrhundert. Das Becken wurde aus Messing in einem Stück gegossen. Vor allem das Relief mit den markanten Figuren gilt als meisterhafte Goldschmiedekunst. Das ästhetische und ikonografische Meisterwerk steht auf einem Steinsockel, hat aber den Anschein, als würde es von zehn (ursprünglich zwölf) individuell gestalteten Ochsen getragen, die in Dreiergruppen den vier Himmelsrichtungen zugewandt sind. Sie symbolisieren den Auftrag Jesu an die zwölf Apostel. Auf dem Beckenrand spielen sich fünf aufeinander folgende Taufszenen im Hochrelief ab, mit verblüffend lebendig wirkenden Figuren, die das Werk weltberühmt und zu einem der „sieben Wunder Belgiens" (darunter auch der Genter Altar) gemacht haben. Der Flaneur kann den Anblick der prächtigen Fassade im typischen Anstrich so richtig genießen. Die Kirche ist ein wahres Schmuckstück und verleiht dem gleichnamigen Platz am Ende des historischen Viertels eine gehörige Portion Würde.

www.visitezliege.be/de/stiftskirche-saint-barthelemy

Das Taufbecken stammt aus dem 12. Jahrhundert.

Stadt der Kirchen

Weitere sehenswerte Gotteshäuser

28

C3/D3

Saint-Denis, die über tausend Jahre alte Kirche in der Nähe des Place Saint-Lambert an der Hinterseite der Galeries Saint-Lambert wurde 987 von Fürstbischof Notger gegründet. Das ursprüngliche Gebäude war Bestandteil der Stadtmauer und der mächtige Turm gehörte zur Verteidigungsanlage. Das Kirchenschiff ist das älteste von Lüttich. Im 17. Jahrhundert wurde der Innenraum barockisiert. Nach der Restaurierung 1987 erstrahlt er wieder in alter Pracht. Prunkstücke der Kirche sind der wunderbare Altaraufsatz mit rund 150 geschnitzten Holzfiguren (Anfang 16. Jahrhundert), die Orgel (Renaissance) sowie Gemälde von Lambert Lombard. Wunderschön sind die Heiligenfiguren im Kreuzgang. In Saint-Denis erlernte der Lütticher Komponist André-Modeste Grétry die Grundlagen der Musik. 1903 wurde hier der berühmte Lütticher Schriftsteller George Simenon getauft.
Sainte-Cathérine wurde im Barockstil (1700) erbaut. Sainte-Croix (12.–15. Jahrhundert) mit ihren drei gleich hohen Schiffen ist eine Rarität und Sainte-Gilles (12. Jahrhundert) wurde im 19. Jahrhundert erweitert. Saint-Jean-l'Evangeliste wurde 981 von Notger gegründet und nach dem Vorbild der Pfalzkapelle Karls des Großen in Aachen erbaut und im 18. Jahrhundert restauriert. Sie hat bemerkenswerte Statuen (u. a. Sedes Sapientiae, 13. Jahrhundert) und beherbergt das Grab Notgers. Saint-Nicolas (Outremeuse) ist das Zentrum der Prozession am 15. August (Folklorefest). Saint-Pholien (1914) in Outremeuse auf der anderen Maasseite mit einem 63 Meter hohen Turm, schönen Kirchenfenstern (1863) und sehenswerten Gewölben aus rotem Backstein ist ein weiteres Zeugnis beeindruckender religiöser Geschichte. Die Kirche wurde durch den Roman „Maigret und der Gehängte von Saint-Pholien“ weltbekannt. Dann ist da noch die Kirche Saint-Martin aus dem 10. Jahrhundert. Sie wurde nach einem Brand im 14. Jahrhundert wiederaufgebaut und thront auf einem Hügel über der City. Der gotische Chor und das Schiff sowie sehenswerte Glasfenster (16. Jahrhundert) beeindrucken den Besucher.
Tipp: Informationen zu den Öffnungszeiten der Kirchen sollten vorher im Tourismusbüro der Stadt Lüttich erfragt werden (siehe Ort 14).

Das Kirchenschiff der Stiftskirche Saint-Denis

Lüttichs Altstadt erleben

So einfach geht das, und so schön ist es

29

D1/2, E 1/2

Ob für Neulinge, Entdecker oder Lüttich-Liebhaber: Ein idealer Startpunkt ist und bleibt der Place Saint-Lambert bzw. der Place du Marché (Marktplatz) für eine Erkundungstour durch die restaurierte und abolut sehenswerte Altstadt. Hier in der Nähe liegen gleich vier Parkhäuser. Wer mit dem Zug anreist, kann aber idealerweise auch vom Bahnhof Guillemins aus in rund 15 Minuten mit dem Anschluss-Regionalzug zum Bahnhof Liège Saint-Lambert (unterirdisch an der Rue Fond Saint-Servais, zwischen Place Saint-Lambert und Publémont) anreisen oder mit den Buslinien vom Bahnhof Guillemins (Linie 1 und 4 Place Saint-Lambert). In nur wenigen Metern ist man am Marktplatz, dem ältesten Platz der Stadt. Als Handelszentrum und Ort der bürgerlichen Freiheiten war der Marktplatz die Stätte, an der sich größere Ereignisse zugetragen haben. Heute ist der Platz vereint mit dem Place Saint-Lambert, früher war er durch den östlichen Kreuzgang der Kathedrale von ihm getrennt. Die an den Platz angrenzenden Häuser stammen aus der Zeit vom Ende des 17. und 18. Jahrhunderts. Hinter den Wohngebäuden lässt sich die Kuppel der Andreaskirche (Saint-André) erahnen. Die Kirche wurde im 18. Jahrhundert erbaut, im Laufe der Revolution profaniert und ist heute nicht mehr zugänglich. Der Perron-Brunnen ist ein Symbol der „freien" Lütticher Bürgerschaft und ein Wahrzeichen der Stadt. Jean Del Cour, Lüttichs berühmter Bildhauer, hat dieses Denkmal im 17. Jahrhundert in einen Brunnenbau integriert. Hauptmotiv sind drei Grazien, die einen mit einem Kreuz gekrönten Tannenzapfen tragen, heute eine Kopie, denn das Original wird im Rathaus aufbewahrt. Karl der Kühne von Burgund, der Eroberer Lüttichs, war sich der Symbolkraft des Monuments für den Widerstand der Bevölkerung bewusst und „verschleppte" es nach Brügge. Seine Schwester, Marie de Bourgogne, gab es 1478 der Stadt Lüttich zurück. Der zweite Brunnenbau auf dem Platz ist die Fontaine de la Tradition von 1719. Drei Bronzeplatten wurden 1930 hinzugefügt, die im Tiefrelief Szenen aus dem Lütticher Volksleben zeigen.

Genusskultur am Lütticher Marktplatz

Der Place du Marché

Ouvertüre auf der Bühne der Lebensart

30

D 2

Auf zu einer Erkundungsreise. Instagrammer werden hin und wieder ihre Finger dehnen müssen. Start- und Zielort zum Rundgang durch die Altstadt ist der schon kurz beschriebene Place du Marché, wo Einheimische und Besucher gerne die Cafés und Restaurants frequentieren und Flaneure eine genüssliche Pause einlegen, bevor sie die zahlreichen Einkaufsadressen in der Umgebung in Angriff nehmen. Beispielsweise in der Rue en Neuvice, die von hier Richtung Maasufer abgeht (siehe Ort 31). Im Sommer ist der Platz eine einzige riesige Terrasse bis in die Abendstunden hinein mit Blick auf die wunderschöne Fassade des Rathauses La Violette (1714–1718). Ob klassische Küche im As Ouhès, ein Drink im schnuckeligen A Pîlori, Knusper-Pommes an Nr. 1 neben dem Rathaus (Friterie du Perron) oder Eis bei Pistache & Chocolat: alles rundum Genuss. Und schauen Sie auf jeden Fall auch mal auf den Platz an der Rückseite des Rathauses, dort begegnen Sie einer literarischen Berühmtheit, dem pfeiferauchenden Georges Simenon auf seiner Bank. Er freut sich über jeden, der sich zu ihm setzt. Der Platz ist nach seinem Kommissar Maigret benannt. Ein Super-Selfie mit einem der meistgelesenen Autoren der Welt. Für Liebhaber von Cocktails und Apéros: das Maison du Pékèt, vor dessen Tür der Schriftsteller es sich quasi gemütlich gemacht hat. Das Haus ist bekannt für seine einzigartige, urtümliche Atmosphäre und die vielen Sorten von mit Früchten aromatisiertem Pékèt, dem Wacholderschnaps, der damit zu einem Lütticher Aperitif der Extraklasse avanciert. Die Terrasse hier kann zum Glücksplatz im doppelten Sinne werden, wenn man den richtigen Zeitpunkt erwischt und ein Hochzeitspaar die große Ehrentreppe des Rathauses hinunterschreiten sieht.
Nebenan: Amon Nanèsse, gutbürgerliche Lütticher Küche. Und Bier? Bier gibt's beim BeerLovers' Café & Shop. Wie der Name schon sagt, verliert man hier ganz schnell sein Herz an die belgischen Spezial- und Abteibiere (750 Sorten).

www.maisondupeket.be

https://beer-lovers.be

Hier muss man einfach mal gewesen sein.

Die Rue en Neuvice

Kunst und Kulinarisches Tür an Tür

31

D 2

Diese schmale Gasse aus dem 12. Jahrhundert, einst Sitz der Drucker und Goldschmiede, geht vom Place du Marché ab, nur ein paar Meter am Rathaus weiter. Sie hat ihren mittelalterlichen Charakter beibehalten können, als die älteste Einkaufsstraße und erste Fußgängerzone der Stadt. Ein schönes Beispiel ist das Hotel Neuvice. Ein Schmuckstück in einem Gebäudeensemble aus dem 18. Jahrhundert um einen Patio aus Blaustein angeordnet, mit einem markanten Gang in der typischen Holzarchitektur des 18. Jahrhunderts. Hier residierte früher der Buchdrucker Jean-François Bassompierre, dessen ehemaliges Atelier mit zwei Gewölbekellern aus dem 15. Jahrhundert heute als Frühstücksraum dient. Die Gasse ist zu einem kleinen Paradies für Feinschmecker geworden, eine Wundertüte kulinarisch-künstlerischer Kreativität. Bei Mélanie Lemmens mit ihrer Schokoladenboutique Carré Noir an Nr. 33 finden Leckermäuler alles rund um schokoladige Kreationen. Die Chocolaterie befindet sich in einem historischen Kaufmannshaus, das komplett renoviert wurde. Das Atelier liegt im ehemaligen Innenhof des Gebäudes. Die Metzgerei Colson ist längst eine Institution. Käseliebhaber zieht es zu Frédéric Joassart. Sein feiner Käseladen ist dem Schutzpatron der Käsemacher, Sankt Uguzon, gewidmet. Viva Italia heißt es beim Eismacher Grifo Artisans Glaciers. Seine Leidenschaft für Sorbets in ihren fantastischen Farben und seine Eiskreationen wie das Eis aus Erdnussbutter oder das Spargeleis erfreuen die Gaumen von Kennern und Entdeckern gleichermaßen. Die Galerie Arqontanporin verfügt über eine Boutique und bietet Workshops an. Fragances, das kleine Teehaus, serviert aromatische Getränke auch auf der kleinen Terrasse. Bei schönem Wetter ist die schmale Gasse mit Tischen und Stühlen dekoriert, an denen man ganz zwanglos die gekauften Leckereien der umliegenden Geschäfte verzehren darf. Authentisches Lüttich eben.

www.hotelneuvice.be

www.carrenoir.be

https://arqontanporin.com

www.uguzon.be

Eine Straße mit vielen genussvollen Entdeckungen

Cour des Mineurs und Rue Mère-Dieu

32

Vom Donnerwetter und dem Museum der Beleuchtung

D 1

Vom Marktplatz aus ist unser Ziel die Rue Hors-Château. Wir verlassen den Marktplatz daher am Ende Richtung Altstadt linker Hand über die Rue des Mineurs. Doch nicht zu schnell, denn an Nr. 7 locken die Auslagen von Une Gaufrette Saperlipopette. Zum Donnerwetter sind hier die Backwaren und vor allem auch die Lütticher Waffeln lecker, will uns der französische Name sagen. Also, nicht einfach vorbeigehen. Eine prima Sache, Fingerfood to go, wie es heute heißt. Nur einige Schritte weiter kommen wir zum Museum für wallonische Volkskunde (siehe Ort 17). Zum Ensemble des Museums gehört das Gebäude des Espace Sainte Antoine mit der ehemaligen, gleichnamigen Kirche mit ihrer Barockfassade aus dem 17. Jahrhundert an der Rue Hors-Château/Cour des Mineurs 1. Die mächtigen, weißen Säulen, Rundbögen und üppigen Stuckverzierungen im Innern bilden einen ehrwürdigen Rahmen für Ausstellungen, die heute dort stattfinden (u. a. Designbiennale). Der Cour des Mineurs ist umringt von schönen, restaurierten und auch rekonstruierten Renaissancebauten. Daran schließt sich die kleine Stichstraße Rue Mère-Dieu an, die auf die Rue Hors-Château geht. Die im Zweiten Weltkrieg völlig zerstörten Gebäude in der Rue Mère-Dieu (durch einen Bombenvolltreffer) wurden mithilfe alter Fassaden aus verschiedenen Stadtvierteln neu aufgebaut. Neben dem Zugang zur Areine de Richonfontaine, die den Saint-Jean-Baptiste-Brunnen mit Wasser versorgt, befindet sich unter Hausnummer 2 der Straße das Musée liègeois du Luminaire (Mulum), ein typisch wallonisches Kuriosum. Das Museum der Beleuchtung lädt Besucher ein, sich ein Licht aufgehen zu lassen – aus vergangenen Zeiten bis heute. Bestimmte Lampen sind weit mehr als nur Gebrauchsgegenstände und präsentieren sich als echte Kunstwerke, die das Gedankengut einer Epoche widerspiegeln.

Am Cour des Mineurs befindet sich der Eingang zum Museum für wallonische Volkskunde.

Rue Hors-Château (1)

Zwischen Stadtpalästen
und hippen Adressen

33

D 1/2, E 1/2

Wir schlendern nun entlang der Rue Hors-Château, dem wohl schönsten Straßenzug des alten Lüttichs. Die Rue Hors-Château („außerhalb der Burg") erhielt diesen Namen, weil die Straße außerhalb der ersten Stadtbefestigung (im 10. Jahrhundert) lag, die bis zum Marktplatz reichte. Im 13. Jahrhundert wurde sie von der zweiten Festungsanlage umschlossen. Viele Tuchhändler ließen sich hier längs eines fließenden Bachs nieder. Markant sind noch heute die Torbögen, durch die früher die Pferdewagen fuhren. Prächtige Stadtpalais säumen die Rue Hors-Château. Dazwischen auf der linken Seite wie eine Nische, die sich Richtung Wolken öffnet, die berühmte Bueren-Treppe und der Aufgang zu den Terrassen am Hügel. Gegenüber steht der sehenswerte Brunnen Johannes der Täufer. Das Flachrelief stammt von Jean Del Cour aus dem Jahre 1667. Es stellt die Taufe Christi dar. Der Brunnen, der die Skulptur trägt, besteht seit dem Mittelalter unter dem Namen Pisserotte oder Pisseroule. Er wird nach wie vor mit Wasser aus dem Richonfontaine-Stollen gespeist, dessen Eingang in der Rue Mère-Dieu zu sehen ist. Auffallend in der Rue Hors-Château ist zudem die barocke Fassade (1619–1655) der ehemaligen Kirche der barfüßigen Karmeliter, Saint-Gérard. Restauriertes mit Zierleisten und Füllhörnern geschmücktes Portal (um 1838). Auffällig: das weiß-blaue Wappen des Fürstbischofs Maximilian-Heinrich von Bayern (1650–1688). Tatsächlich waren die Wittelsbacher anderthalb Jahrhunderte lang auch Fürstbischöfe von Lüttich (siehe Ort 91). Die Rue Hors-Château ist mittlerweile auch eine hippe Location für adrette und originelle Läden sowie Restaurants (u. a. Le Danieli, Terra Terrae). Übernachten kann man im Hotel Hors-Château, einem Schmuckkästchen aus dem 18. Jahrhundert. Das Hotel befindet sich in der Impasse des Drapiers.

www.hors-chateau.be

Die Fassade der Kirche Saint-Gérard, Rue Hors-Château. Die Kirche ist leider nicht mehr zugänglich.

Rue Hors Château (2)

Gassen und Höfe

34

D 1/2, E 1/2

Kurz hinter dem Brunnen Johannes der Täufer betritt man den hübschesten Innenhof des Viertels, den Cour Saint-Antoine, um den sich eine Reihe von Wohnhäusern gruppiert. Ein interessanter Mix verschiedener Architekturstile, vom 17. bis ins 21. Jahrhundert, kennzeichnet das Gebäudeensemble. Ein kleiner Wasserlauf durchzieht den Hof zwischen einem Brunnen und einer steinernen Stele. Über den Häusern erspäht man so gerade die charakteristischen Turmspitzen der Stiftskirche Saint-Barthélemy in ihrem markanten rot-beigen Anstrich, den Farben der Fürstbischöfe von Lüttich. Auf der Seite der Bueren-Treppe, leicht zu übersehen, gehen kleine Gassen ab. Die sogenannten Impasses sind schmal und der Zugang niedrig. Um hineinzugehen, muss man sich schon fast einen Kopf kürzer machen. Impasse Venta, Impasse de la Couronne, Impasse de l'Ange und Impasse de la Vignette heißen die interessantesten. Hier ging es früher in die ehemaligen Weinberge. Kopfsteinpflaster, private Gärten, wildwachsende Rosensträucher, Sprossenfenster, blaue Türen, bemalte Briefkästen, Wandkapellen, Kräutertöpfe auf den Stufen, Fachwerk, Blaustein, Ziegelstein, Holzverkleidungen, eine bunte, kreative Welt, die sich die Anwohner hier geschaffen haben (diskrete Besucher sind durchaus gern gesehen). Der Impasse de la Couronne beherbergt den Platz der Verliebten sowie eines der originellsten Restaurants der Stadt – Le Thème – ein Restaurant, in dem immer wieder im Rahmen eines neuen Themas dekoriert, gekocht und serviert wird. Am Ende der Rue Hors-Château geht es linker Hand zum Place Saint-Leónard (von hier geht ein ausgedehnter Spaziergang hinauf zur Zitadelle und zum Aussichtspunkt, er schlängelt sich an den Hügelhängen hinauf) und rechter Hand zum Place Saint-Barthélemy. Rückweg siehe Ort 37.

Die Impasses: Gassen zu Hinterhöfen, die von Privatpersonen umgestaltet und bewohnt werden, und die bis an den Fuß der Hügelhänge zur Zitadelle reichen.

Rue Hors-Château (3)

Eine spannende Tour mit Stadtführerin

35

D 1/2, E 1/2

Es ist ein Wochentag im Mai, die Sonne scheint, das ist gut, denn wir machen uns auf zu den Hügelhöhen an der ehemaligen Zitadelle von Lüttich, wo wir den famosen Panoramablick über die Maasmetropole genießen wollen. Wir treffen unsere Stadtführerin, Aline Gilson, in der Rue Hors-Château an der Bueren-Treppe. Wir könnten es uns jetzt zumindest entfernungstechnisch einfach machen und die 374 Stufen direkt hinauf zum Aussichtspunkt der Zitadelle erklimmen. Doch wir nehmen gerne einen romantischeren Umweg durch eine der urigsten Gassen, den Impasse des Ursulines, am geheimnisvoll anmutenden Pfad Sentier des Terrasses in Kauf, der auch auf die Höhe des Hügels führt. Er beginnt links unterhalb der Bueren-Treppe. Schon nach wenigen Metern erreichen wir auf dieser Treppengasse ein Kleinod, den Innenhof des ehemaligen Beginenklosters Saint-Esprit aus dem 17. Jahrhundert. Auffällig sind hier die Gebäudestile wie etwa das große Portal, an dem ein Posthorn zu erkennen ist. Dieses alte Postrelais stand vorher an der Maas. Man hatte es dort abgerissen und hier wieder aufgebaut. Vom Innenhof wird der Sentier des Terrasses ziemlich schmal, er steigt zwischen alten Bruchsteinhäuserwänden noch steiler an. Wir streifen einer hinter dem anderen, wie bei einer Bergtour, hinauf. „Dieser Weg war früher dazu gedacht, um in die Weinberge zu kommen, die bereits seit dem 10. Jahrhundert hier angelegt waren", betont Aline Gilson. Am Ende der Gasse links eröffnet uns ein Durchgang die Terrassenfläche Minimes mit dem kleinen Park. Rosensträucher, Beete, Bäume, Rasen und die mächtige Begrenzungsmauer des ehemaligen Klosters der Minderbrüder, die hier im 17. Jahrhundert siedelten, prägen das Bild. In der Ferne, ebenfalls auf einer Anhöhe, thront der mächtige Turm der Stiftskirche Saint-Martin über dem Häusermeer. Unterhalb der Terrasse, fast zum Greifen nah, die Renaissance-Karrees des fürstbischöflichen Palastes.

Die Hügelhänge der Zitadelle und ihr Labyrinth von Gassen und Treppen

Rue Hors-Château (4)

Von den Terrassen zur Rue Pierreuse

36

D 1/2, E 1/2

Wir verlassen diesen Aussichtsort der Terrassen am Ende durch ein Gittertor, hinab über eine eigens dafür angelegte Metalltreppe, dann durch einen Flurgang Richtung Rue Pierreuse (hier ist die andere, einfacher zu erreichende Eingangsseite), der wir ein Stück bergan folgen. Ihre Fassaden im maasländischen Stil, teils mit Fachwerk, fallen ins Auge. Viele werden von Privatleuten restauriert und manche stehen unter Denkmalschutz. Rechter Hand erblicken wir dann eine weitere Treppenstraße, die Rue Au Pérî, fast wagenbreit, mit flachen, tiefen Stufen. Sie führt uns hinauf zur Zitadelle, vorbei am oberen Zugang zur Bueren-Treppe, an der wir natürlich einen Blick hinabwerfen zu unserem Ausgangspunkt. An der ehemaligen Zitadelle (heute ein Krankenhauszentrum) angekommen, von der nur noch die Kasematten mit den gleichförmig angeordneten Schießscharten übrig geblieben sind, machen wir halt am höchst gelegenen Aussichtspunkt mit einem spektakulären Blick über die Silhouette der Stadt an der Maas. Ein wenig weiter der Straße entlang ist eine Aussichtsplattform angebracht. Von dort blickt man direkt auf die historische Altstadt mit der Stiftskirche Saint-Barthélemy und dem Curtius-Museum – einer der Lüttichpanoramen schlechthin. Wir wenden uns vom Aussichtspunkt weiter Richtung Krankenhaus und nach Favechamps. Hier betreten wir eine Wiesenlandschaft mit Obstgärten auf dem alten Festungsterrain und folgen dem Naturpfad über den Rempart des Anglais (Engländerwall), das westlichste Ende der Stadtmauer aus dem 13. Jahrhundert. Wo früher die Kanonen der Festung standen, grasen heute muskelbepackte belgische Rinder auf wild wachsenden Wiesen, blühen Obstbäume, liegen kleine Schrebergärten. Es ist wie auf dem Lande, doch zugleich sehen wir vor uns, tief unten, die Kulissen der City. Die ganze Landschaft hier steht unter Naturschutz. Wir kommen zur Ferme de la Vache (Kuhhof) aus dem 17. Jahrhundert und frei liegenden Gemüse- und Pfanzengärten. Durch eine Toreinfahrt betreten wir nun wieder die Rue Pierreuse, die uns aus der Ruhe der Natur wieder zurück in die quirlige Stadt hinunter zum Place Saint-Lambert führt.

Wunderschöner Blick auf Lüttichs Architektur, Saint-Barthélemy und Curtius-Haus im Hintergrund

Vom Place Saint-Barthélemy zum Place du Marché

37

Juwele, Kunst und Kulinarisches

D 1/2, E 1/2

Der Place Saint-Barthélemy ist ruhig, zu ruhig, wie viele meinen, denn es gibt hier keine Einkehrmöglichkeiten rund um den Platz, dafür aber Intimität, ein Ort, an dem man die Seele baumeln lassen kann, die wunderschöne Architektur der Stiftskirche Saint-Barthélemy und des Museumskomplexes Grand Curtius im Blick (siehe Orte 27 und 16). Hier lässt sich auf einer Bank innehalten, fernab des unablässig den Takt vorgebenen, quirligen Lüttichs. Mitten auf dem Platz steht seit 1992 eine Skulptur aus Stahlplatten mit rostiger Patina, die die Silhouetten fast lebensgroßer Bischöfe und Kardinäle abbildet, die einer tanzenden, kleiner dargestellten Volksmenge gegenüberstehen. An Nr. 5 des Platzes liegt eines der schönsten und originellsten Bed & Breakfast der Stadt (siehe Ort 90). Souvenirfans finden in der Boutique Li Botike Di Lidge an der Féronstrée 143, gegenüber dem Museum Grand Curtius, vielerlei Objekte der Lütticher Tradition und kulinarische Spezialitäten. Die En Féronstrée führt zurück zum Place du Marché. Sie ist kein Vergleich zur restaurierten Hors-Château. Trotz Bausünden aus den sechziger und siebziger Jahren des 20. Jahrhundertsstehen noch eine Reihe sehr schöner Adelshäuser aus dem 18. Jahrhundert an dieser Straße, wie beispielsweise das Hôtel Somzé im Stil Ludwigs XIII. (Nr. 94–96). Sehenswert: das Gebäude und das Innere des Hôtel d'Ansembourg mit dem gleichnamigen Museum (siehe Ort 18).
Genusstipp: Le Saint Grégory an Nr. 112 (heiße Adresse für Lütticher Fleischklöße). Über die Potiérue können Entdecker linker Hand (hinter Décathlon) Richtung Lütticher Tourismusamt an der Rue de la Halle bzw. in die Rue de la Goffe einbiegen. Das Viertel hier ist nicht das Schönste, doch in der Rue de la Goffe und der Rue de la Boucherie finden sich einige gute Adressen und nette Lokale wie das legendäre Bistrot d'en Face sowie Metzgereien (u. a. Lontin, eine Institution in Lüttich). Schließlich kommen wir wieder auf den Place du Marché zurück.

Oben: Grand Curtius – Unten: Place Saint-Barthélemy

Vom Place du Marché/ Place Saint-Lambert zum Place de la Cathédrale

38

D 2, C 2/3

Bummel durch das Carré

Lüttich lädt zum Schaufensterbummel ein, und das nicht zu knapp. Große Marken, Designer, elegante und originelle Geschäfte, Einkaufszentren, edle Boutiquen und kleine Modeshops lassen kaum Wünsche offen. All das gepaart mit der mediterran anmutenden Lebensfreude und dem Flair in den Bistros, Restaurants, Bars und Kneipen mündet in ein originelles und einzigartiges Erlebnis. Wir starten an der Îlot Saint-Michel, der modernen Konsuminsel direkt neben dem Place Saint-Lambert. Sie ist nach der Galerie Saint-Lambert die zweite große Shopping-Adresse am Platz. Hinter der Îlot am Place Saint-Michel liegt das Ensemble des Hôtel Desoër de Solières (Rue Haute-Sauvenière 12–14) und des Hôtel de Bocholtz (Place Saint-Michel 80), zwei Prachtbauten aus der Renaissance. Das Hôtel Desoër de Solières stammt aus den Jahren 1551 bis 1561. Es wurde 2003 restauriert und gehört der wallonischen Region. Beeindruckend sind hier die Fenstereinfassungen mit dorischen Säulen mit Kannelierungen (Furchendekor), und an deren Fuße Maskaronen (Fratzengesichter). Das Hôtel de Bocholtz wurde zwischen 1561 und 1568 errichtet und ist nach dem Großvogt Arnold de Bocholtz benannt. Das Gebäude hat einen Ehrenhof, Säulengänge, Arkadenbögen und toskanische Pilaster. Wir setzen unseren Weg über den Place Verte hinüber zum Opernhaus fort (siehe Ort 4). Am Opernhaus links vorbei biegen wir in die Rue des Dominicains ein, die auf die Rue Vinâve d'Ile übergeht (Vinâve d'Ile war früher Teil einer Insel zwischen zwei Flussarmen der Maas, daher der Name: Ile = Insel). Jetzt befinden wir uns im sogenannten Carré, Lüttichs beeindruckenden Einkaufsgefilden. Links von der Rue des Dominicains geht die Rue du Pot-d'Or ab, die mit ihren Nebenstraßen zu den ansprechendsten im Carré zählt. Das Carré ist nicht nur Lüttichs Shopping-Herz und abends Partytown, sondern auch Bauch und Geschichte der Stadt. Die Rue Vinâve d'Ile führt auf den Place de la Cathédrale.

Blick auf „Vierge à l'Enfant" und den Turm der Kathedrale

Die Lütticher Innenstadt

Mittendrin statt nur dabei

39

B 3/4, C 3/4

Man muss sich einfach von der Vielfalt der Geschäfte anstecken lassen. Was Lüttich als frankophone Stadt auszeichnet, sind die französischen Modelable, die man bei uns kaum kennt. In der Vinâve d'Ile sollte man einen Abstecher in die Passage Lemonnier nicht verpassen. Diese Galerie ist ein Alleinstellungsmerkmal für Lüttich, eine absolute Seltenheit (siehe Ort 9). Vor dem Place de la Cathédrale steht die bei den Lüttichern beliebteste Statue des berühmten Sohnes der Stadt, Jean Del Cour. „Vierge à l'Enfant", die Jungfrau mit dem Kinde, glänzend restauriert auf einem hohen Sockel über der Fußgängerzone. Die wunderschöne Bronze stammt aus dem Jahre 1695. An ihr vorbei zieht die im neuen Anstrich leuchtende Kathedrale die Blicke an (siehe Ort 26). Das ist Lüttich: Lifestyle, Genussfreuden und Architekturjuwelen auf engstem Raum. Der Place de la Cathédrale lockert das engmaschige Netz der Geschäftsstraßen auf. An der Kopfseite die Kathedrale, an der Flanke ein Café und ein Restaurant neben dem anderen. Sitzgelegenheiten an den Grünflächen und in den Cafés sind für eine Rast bzw. Auszeit und entspannte Blicke auf ein kunterbuntes Shopping-Volk ideal. Rechter Hand, an der Turmseite der Kathedrale vorbei, führt der Weg zum Place Saint-Paul. Es ist ein Platz, den man nicht unbedingt auf dem Zettel hat. Er war früher etwas verrucht. Jetzt ist er salonfähiger und eine Ruhezone im Schatten der Kathedrale geworden. Ihn schmückt eine Bronzebüste des Bildhauers Jean Del Cour (von ihm sind zahlreiche Werke in der Kathedrale zu bewundern). Sie steht auf einem Sockel aus schwedischem Marmor, erschaffen von Paul du Bois 1911. Unbedingt lohnenswert ist der Weg in die Rue Saint-Rémy.

Innenhof an der Rue Saint-Rémy

Die Rue Saint-Rémy und die Rue des Clarisses

40

C 3/4

Käse, Kunst, Katzencafé …

An der hinteren Seite des Place Saint-Paul, gelangt man linker Hand über die Rue Bonne Fortune in die Rue Saint-Rémy. Etwas weiter weg vom lebhaften Carré ist ein stilleres Lüttich zu entdecken. Und das lohnt sich wirklich. Mal hier und da einen Blick auch hinter die Kulissen werfen zu können, in einen Innenhof hineinzugehen wie in den Cour Saint-Rémy. Im Mittelalter lag die Gasse noch nahe an einer kleinen Wasserstraße, wo die Boote anlegten, um zollfrei zu bleiben. Später beherbergten sie religiöse Vereinigungen und renommierte Handwerker, bevor illustre Patrizierfamilien hier ihre Stadthäuser errichteten. Deren Charme ist bis heute geblieben, in den alten Ziegel- und Blausteinfassaden, die entlang dieser autofreien Gasse stehen. Und hier gibt es vor allem mundgerechte Geschäfte, Restaurants, Weinhändler und einen Käseladen wie man ihn nur noch selten findet. Die Crèmerie Saint-Rémy, klassisch, klein, aber mit großzügigem Angebot: Ziegenkäse, Schafskäse, Hartkäse, Edelschimmel, Weichkäse, Blauschimmelkäse, aromatisierte Käse, Käse mit Gewürzen, im Carré, rund, oval, am Stück, in Scheiben. Großer Geschmack aus Frankreich und aus Belgien in einer phänomenalen Auswahl. Savoir-vivre in Lüttich. Dazu kommen Dekorationsgeschäfte, Bekleidungsgeschäfte, Kunsthandwerk, Galerien, Design … Wer die Straße durchgeht, erreicht auf diesem Wege auch ganz bequem die schönste Kirche der Stadt, Saint-Jacques (siehe Ort 25), auf die man geradewegs zusteuert. Aus der Rue Saint-Rémy geht es linker Hand in die Rue des Clarisses mit einem von zwei Lütticher Katzencafés, dem Merlix Cats Café an Nr. 50 (das andere, ChatMan Café, befindet sich am Boulevard de la Sauvenière), und Restaurant an Restaurant. An der nächsten Kreuzung geht links die Rue Saint-Paul ab, eine Schlemmermeile par excellence. Sie führt wieder zum Place de la Cathédrale.

www.merlix.cafe

Ein Muss: die Rue Saint-Paul

Die Rue Saint-Paul und die Rue Bonne Fortune

Galerien des Genusses

41

C 3, D 3

In unmittelbarer Nähe zur Kathedrale: Geschäft an Geschäft, Lukullisches, wo man nur hinschaut. Einkaufen und Essen gehen, wie es das Herz begehrt. Sogar Jean Neuhaus, der belgische Schokoladenpionier, mit Stammadresse in Brüssel, ist hier vertreten mit einer Augenweide an eleganten Auslagen. Dazu Bäckereien, Metzgereien und eine weitere Edelkäserei, Le Bonheur est dans le Pré – das Glück liegt auf der Wiese –, wie passend ist dieser Name und wie gut der Käse. Eingekauft wird auf keinem geringeren Markt als auf dem Pariser Rungis, wie manche anderen kulinarischen Adressen in Lüttich es auch tun. Nebenan befindet sich die Metzgerei André. Bekannt für ihre riesigen, schmackhaft gekochten Knochenschinken, die von Hand mit dem Messer tranchiert werden. Ein saftiger Snack für unterwegs, das gibt Energie und macht Laune auf mehr. Kult ist die Taverne Saint-Paul, eine Bier-Eckkneipe mit originalem Interieur und dem Flair Lüttichs. Davor geht die Rue Bonne Fortune ab. Unbedingt hineingehen. Sie führt zum Place Saint-Paul an der Kathedrale zurück, vorbei an den Mauern, hinter denen sich die Schatzkammer der Kathedrale verbirgt. Ein romantischer Weg entlang der hinteren Seite der Kathedrale zu einem neuen, fulminant dekorierten und restaurierten Gebäude mit dem wunderschönen Interieur eines ehemaligen Stadtpalais, dem La Petite Épicerie. Innenhof in U-Form, feine weiß-graue Fassade, hohe Fenster, geschmiedetes Balkongitter. Biergarten auf der hinteren Seite des Hauptgebäudes. Gusseiserne Dekorelemente verzieren die wunderschöne Wendeltreppe aus Holz, Bistrotische, Ledereckbänke, Kassettendecke mit Fresko, Spiegel über prächtigem Marmorkamin. Tagesfrische Küche mit Snacks und Hauptgerichten à la carte – all das lieben nicht nur die Lütticher. Gleich nebenan gibt's die Szenegastronomie – Brutàl und Moment (siehe Ort 71).

www.lapetiteepicerie.be

Kaminsalon im Restaurant La Petite Epicerie

Die Rue Saint-Rémy und die Rue des Clarisses

42

Käse, Kunst, Katzencafé …

D 4

Fresken als Eyecatcher im öffentlichen Raum

Kunst im öffentlichen Raum, Street-Art, ist in Lüttich an immer mehr Stellen präsent, auf unterschiedlichsten Trägern: auf Baustellen, Mauern, Giebeln, verblendeten Fassaden, Stromhäuschen … Einige waren nur von kurzer Dauer, aber etwa 30 schmücken weiterhin mit ihren bunten Effekten die Lütticher Mauern und Fassaden.

L'homme de la Meuse

Auf den Seitenfassaden zweier Appartementgebäude auf dem Quai de la Boverie an Nr. 10 und 21 räkelt sich ein Mann mit Schnauzbart, bunt gekleidet wie ein Varietékünstler, den Boulevard entlang über zwei Häuserwände. Auf der ersten Mauer sieht man die Büste des Mannes mit seiner Melone auf dem Kopf, er unterhält sich mit einem Vogel. Einige Hochhäuser weiter tauchen auf einer zweiten Fassade seine Stiefel auf. Zwischen den beiden verstecken weitere Gebäude und Bäume den Körper des Mannes – eine perfekte Illusion. Der Mann der Maas – L'homme de la Meuse, ist geboren. Das monumentale zweiteilige Fresko, auf einer Fläche von 1.200 Quadratmetern, wurde am 16. Dezember 2019 eingeweiht.

Tchantchès und Nanèsse

Zum 240. Geburtstag der Gesellschaft Royal Bouquet d'Outremeuse haben die Stadt Lüttich und die Freie Republik Outremeuse (1776–2016) sich zusammengeschlossen, um mit einem monumentalen Fresko mitten im Stadtviertel Outremeuse an das Ereignis zu erinnern. Auf einer Fläche von 180 Quadratmetern bekommen die Folklorefiguren und Wahrzeichen der Stadt, Tchantchès und Nanèsse, einen Ehrenplatz, in ihrem typischen Outfit. Das Fresko findet man auf der hinteren Giebelwand in der Rue Jean d'Outremeuse 14. Es zeigt zum Parkplatz des Schwimmbads. Es ist das Gemeinschaftswerk mehrerer Lütticher Künstler. Die Vereinigung Spray Can Arts hat sie engagiert: Seit 2002 ist es das 64. Werk der Aktion Paliss'art, die auf eine Initiative des Tourismusdezernats zurückgeht, das auch für die Kunst im öffentlichen Raum in Lüttich zuständig ist.

www.liege.be/fr/decouvrir/plein-air/art-public

L'homme de la Meuse: der Mann der Maas

Denkmäler und Monumente großer Persönlichkeiten (1)

43

Karl der Große und Charles Rogier

C 5

Parc d'Avroy - Ein Reiterstandbild Karls des Großen

Im Jahr 1855 bietet Louis Jéhotte, seinerzeit Professor für Bildhauerei an der Akademie der Schönen Künste in Brüssel, der Stadt Lüttich an, ein Reiterstandbild Karls des Großen herzustellen. Diese Bronzeskulptur sollte ursprünglich auf dem Place Saint-Lambert ihre Bleibe finden. Letztlich wurde sie am nördlichen Ende des Boulevard d'Avroy installiert (1868). Sie steht auf einem steinernen Sockel. In diesem Sockel befinden sich sechs Nischen. In jeder steht eine kleine Statue, die einen Vorfahren des karolingischen Kaisers darstellt: Die heilige Begga, Pippin von Herstal, Karl Martell, Pippin der Ältere und Pippin der Kurze.

Denkmal für Charles Rogier

Am gegenüberliegenden Ende des Parks steht ein großes Denkmal für Charles Rogier, dessen Verdienste um den belgischen Staat groß sind, der aber auch polarisierte, vor allem durch antiflämische Politik. Französischer Herkunft, ging er in Lüttich zur Schule und gehörte zu den geistigen Vätern der belgischen Revolution von 1830, im Anschluss daran wurde der belgische Staat gegründet.

Es sind noch zwei weitere Skulpturen hervorzuheben, die sich in dem kleinen Park Les Terrasses beim großen Park Avroy befinden: „Li Torê" – ein nackter Mann scheint einen Stier zu bändigen. Auffallend daran und Stein des öffentlichen Anstoßes: die hervorgehoben dargestellten Weichteile des Tieres und die Nacktheit des Mannes. Außerdem die Skulptur eines Schiffstreidlers mit seinem Pferd, eine 1885 in der Lütticher Kanonengießerei gegossene Gruppe.

André Dumont, Place du 20 Août

Eines der monumentalsten Standbilder in Lüttich. Der 1809 in Lüttich geborene Geologe schuf die erste umfassende Kartografie der wallonischen Region. Er sorgte auch als Forscher in Kontinentaleuropa für Furore, war Professor und wurde 1857 zum Rektor der Lütticher Universität ernannt.

In den Jahren 2011/2012 wurde die Statue Karls des Großen komplett restauriert. Dabei konnte man auch die im Lauf der Zeit verschwundenen Teile wiederherstellen, unter anderem das Kreuz von Pippin dem Kurzen und den Schwertgriff von Karl Martell.

Denkmäler und Monumente großer Persönlichkeiten (2)

44

E 3

Statue Montefiore-Levi und Brunnen

Diese Statue wurde im Jahr 1911 am Square Notger, am Ufer eines Teichs unweit des Place Saint-Lambert errichtet (Rue du Palais, 60). Die Provinz Lüttich hat sie dem philanthropischen Ehepaar Montefiore-Levi gewidmet. Die Statue steht auf einem großen steinernen Sockel. Sie wurde im Rahmen eines Wettbewerbs für belgische Künstler geschaffen, organisiert durch die Provinz Lüttich seit 1908. Das Kunstwerk wurde von Oscar Berchmans, Schüler von Léon Mignon kreiert. Es handelt sich um eine Gruppendarstellung in Bronze. Eine Frau nimmt zwei schwächliche nackte Kinder unter ihre Fittiche. Die Statue atmet Menschlichkeit und Nächstenliebe. Sie zog mehrmals um und wurde 2012 nur wenige Meter von ihrem ursprünglichen Standort entfernt aufgestellt. Heute steht sie am Fuß der Treppen, genannt „Degrés des Dentellières". Sie verbindet die Rue du Palais mit der Rue Pierreuse. Hortense Bischoffsheim war die Ehefrau von Georges Montefiore-Levi, ein bekannter Industrieller seiner Zeit. Er absolvierte sein Studium als Zivilingenieur für Kunst- und Industrieprodukte an der Universität Lüttich. Er leitete mehrere Betriebe in Belgien und im europäischen Ausland, war aber immer der Stadt Lüttich sehr verbunden. Das Ehepaar Montefiore-Levi ermöglichte der Provinz dank seiner Großzügigkeit die Einrichtung wissenschaftlicher und karitativer Institute: das elektro-technische Institut Montefiore, ein Gesundheitsamt für Tuberkulosekranke oder die wunderschönen Montefiore-Brunnen, von denen noch einige heute zu sehen sind. Sie stehen in den Gassen En Neuvice und La Roture sowie in der Rue Sur-les-Foulons (Wasserträgerin aus dem Jahre 1887, der Stadt vom Tierschutzverein geschenkt, diente zugleich als Tränke und Brunnen), am Quai de Gaulle und im Parc de Péralta im Vorort Angleur.

Montefiore-Brunnen in der Gasse La Roture

Zum Innehalten (1)

Besondere Oasen der Ruhe in der City

C 1, D 3, C 3

Innenhof des Museums für wallonische Volkskunde
Der Hinterhof und der Gebäudekomplex dieses Museums mit der Fassade der Kirche Saint-Antoine strahlen vollkommene Ruhe und Harmonie aus. Im wunderschönen Innenhof des Museums, das früher ein Kloster war, mit Säulengängen und Fassaden im Maasstil aus dem 17. Jahrhundert lässt es sich gut entschleunigen. Unter den Arkaden kann man flanieren und sich die harmonische Einheit des Gebäudekomplexes, der auch moderne Designelemente in Form von Glasgalerien aufweist, in Ruhe anschauen. Das Café des Museums hat hier Tische und Stühle unter den Arkaden aufgestellt.

Place Saint-Denis und Kreuzgang der Stiftskirche Saint-Denis
Der Place Saint-Denis liegt zwischen der Stiftskirche und dem Maison Baar-Lecharlie, etwas versteckt hinter dem bunten Place Saint-Étienne an der Rückseite der Galerie Saint-Lambert, dessen prächtige Fassade auf den Place Saint-Lambert schaut. Die Kirche ist eine der schönsten der Stadt, rund 1.000 Jahre alt. Im Kreuzgang befinden sich sehr anmutige Heiligenfiguren.

Kathedrale Saint-Paul mit Kreuzgang und Gartenpark
Der Garten des Kreuzgangs ist einer der versteckt gelegenen Orte in der City, die man unbedingt aufstöbern sollte. Den Blick auf die Fassaden gerichtet. Ein kleiner Rundweg, Bänke, Rasen, Sträucher, Blumenbeete rundherum, das friedliche mittelalterliche Ambiente der Kathedrale und ihrer Anbauten. Der Genuss der Stille. Der gotische Kreuzgang der Kathedrale Saint-Paul gehört zu den schönsten in ganz Belgien. An den Wänden findet man Grabplatten aus dem 14. bis 16. Jahrhundert. Beeindruckend ist das Backsteingewölbe mit einem spätgotischen Netzgewölbe. Im Kreuzgang liegt auch der Zugang zur prachtvollen Schatzkammer mit unvorstellbar wertvollen Objekten (siehe Ort 26).

Garten des Kreuzgangs der Kathedrale Saint-Paul

Zum Innehalten (2)

Besondere Oasen der Ruhe im Grünen

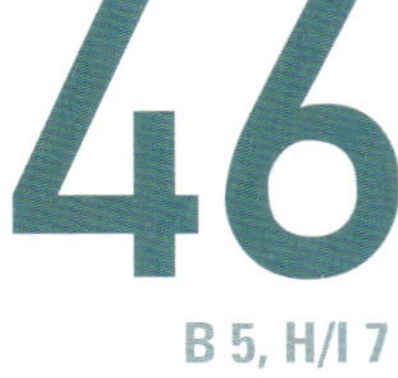

B 5, H/I 7

Botanischer Garten

Lüttich hat auch einen botanischen Garten, den einzigen in der Wallonie. Unweit des Bahnhofs Guillemins kommt man in diese Naturoase mit einem der größten Arboreten Belgiens und dem denkmalgeschützten Gewächshauskomplex im viktorianischen Stil (1883). Rund 5.000 tropische Pflanzen und rund 170 Baum- und Straucharten sind zu bewundern.

Genusstipp: Das Café des Parks, Le Péristyle, Rue Fusch 3.

Parc de la Boverie

Der Parc de la Boverie liegt auf einer Insel zwischen der Maas und dem Maaskanal Dérivation. Der Park ist ein urbanes Erholungsgebiet und sehr beliebt bei Familien. Ein wunderbarer Ort für Spaziergänge, immer in der Nähe der Maas. Rosengarten, antike Volière, Statuen, Teiche, Picknicken auf dem Rasen, Grünflächen bis ans Maasufer mit herrlichen Blicken auf die Brücken und den Fluss sowie auf die Kulissen des Viertels und den Bahnhof Guillemins. Eigentliche Hausherren der Anlage sind die stets anzutreffenden Kaninchen. Einmal im Jahr platzt er fast aus allen Nähten, beim Schlemmerevent Les Épicuriales, dem größten Open-Air-Restaurant und riesigstem Picknickplatz der Stadt rund um das Palais der Schönen Künste La Boverie.

Domaine du Sart-Tilman und Museum

Die Entstehung des Museums (Eintritt frei) ist zurückzuführen auf den erweiterten Campus der Universität Lüttich auf dem Sart-Tilman-Plateau, der hier Ende der 1960er-Jahre entstand. Annähernd hundert Werke in Eisen, Bronze, Stein, Keramik oder aus originellen Materialverbindungen lassen verschiedene Aspekte des modernen und zeitgenössischen künstlerischen Schaffens – vom Klassizismus bis zum Expressionismus, von der Abstraktion zur Konzeptkunst – sichtbar werden. Werke von Pierre Alechinsky, Francis André, Mady Andrien, Robert Cahay, Pierre Caille, Patrick Corillon, Pierre Culot, Jo Delahaut, Dodeigne, Paul De Gobert …, die nach dieser Idee der Integration geschaffen wurden. Zahlreiche Spazier- und Radwege.

www.ulg.ac.be/museepla

Die Nähe der Natur im Parc de la Boverie

Spaziergänge an der Maas

Zu neuen Ufern

47

H 6/7

Über die Esplanade vor dem Bahnhof Guillemins gelangt man zum Maasufer. Am Fuße der Brücke Belle Liégeoise (hinüber zur Maasinsel La Boverie) führt linker Hand ein Weg zwischen dem Boulevard Frère Orban und der Maas am Ufer entlang bis zur Brücke Pont du Roi Albert. Er ist mit komfortablen durchgängigen Sitzbankreihen aus Holz dekoriert, einzigartig zum Chillen in Lüttich. Hier ist Lüttich offener, moderner, stylischer gestaltet, ein spannender Kontrast zur engen Altstadt.

Im Zuge des Bahnhofsbaus begonnen, wird dieses umgestaltete Viertel Jahr für Jahr mehr zu einem Vorzeigeort der Stadt. Es ist vom Schmuddelimage fast nichts mehr übrig geblieben. Man kann bis zum Jachthafen auf der anderen Seite der König-Albert-Brücke durchspazieren, am Reiterdenkmal Roi Albert I. vorbei, und beispielsweise in der La Capitainerie über dem Hafen auf der Terrasse einkehren. Der kleine, aber feine Jachthafen wird fast unscheinbar überragt vom „Plongeur“, dem Taucher, einer 3,20 Meter großen Figur im Handstand auf einem schweren gebogenen Stahlträger, geschaffen von Idel Ianchelevici, einem Lütticher Künstler rumänischer Herkunft. Ein Top-Fotomotiv Lüttichs.

Über die Pont du Roi Albert geht es ans andere Maasufer in Richtung des neuen Van der Valk Congrès Hotels am Kongresszentrum. Rechter Hand daran vorbei über den Parkplatz senkt sich am Ende eine kleine, versteckt gelegene Treppe hinunter bis zum Maasufer. Hier führt ein schmaler Gehweg bis zum Parc de la Boverie auf der gleichen Maasseite. Eine echte Idylle. Im Park an der Volière und am Schöffer Turm angekommen, kann man entweder über die Brücke Belle Liégeoise wieder zurück zum Bahnhof kehren oder sich den Park mit dem tollen Museum La Boverie (siehe Ort 15) in Ruhe anschauen. Er führt bis zur Spitze der Maasinsel.

Genusstipp: Das weiße Art-déco-Gebäude, die Villa Consulaire von 1930 neben der Brücke, erhielt seine Bestimmung als Konsulat unter anderem für Frankreich und Italien wieder. Dazu gehört eine Brasserie mit französisch-italienischem Flair, mit einer der schönsten Terrassen der Stadt direkt am Wasser der Maas.

Neue Wege an der Maas

Der kybernetische Turm

Ein visionäres Werk

48

H 7

Von weitem betrachtet sieht der kybernetische Turm in Lüttich wie eine abstrakte Skulptur aus. Er ist 52 Meter hoch, das Gerüst besteht aus quadratischen Stahlröhren – von diesen gehen Arme in unterschiedlichen Längen aus. Diese wiederum sind mit unterschiedlichen Flügelblättern bestückt. Der kybernetische Turm ist für die Zeit, in der er entstand, ein avantgardistisches Werk. Er wurde 1961 durch den Künstler Nicolas Schöffer geschaffen, im Auftrag der Stadt Lüttich, die damals ein gewagtes und gleichzeitig renommiertes Kunstwerk in unmittelbarer Nähe des neu erbauten Kongresspalastes haben wollte. Der Turm ist mit Sensoren ausgestattet (Temperatur, Wind usw. – es befinden sich auch Sensoren im Stadtgebiet, die Signale an den Turm senden) und einem elektronischen Hirn. Dieses reagiert auf unterschiedliche Stimulationen und löst über kybernetische Prozesse drei Reaktionen aus: Bewegungen (reflektierende Flügelblätter), Töne (zufallsbedingte natürliche und elektronische Geräusche werden umgearbeitet wiedergegeben) und Licht (natürliches Licht, das am Tag von den Flügelblättern reflektiert wird, und künstliches buntes Licht in der Nacht). Der kybernetische Turm von Lüttich ist international als Prototyp der weltweit installierten Türme (San Francisco, Lyon, München …) anerkannt. Bei der Restaurierung 2016 ging man über das rein äußerliche Erscheinungsbild hinaus. Man wurde vielmehr dem Anspruch des Künstlers gerecht, die Kunst mit neuester Technik zu paaren. Man kann die Position und die Rotationsgeschwindigkeit der verschiedenen Motoren bestimmen, die Farben der Projektoren anpassen und die Tonspur wählen. Verschicken Sie Ihre Kreation mittels App. Sie wird am darauffolgenden Freitagabend direkt an den Turm gesendet und veröffentlicht.
Mehr Infos und Zugang zur App:

www.tourcybernetiquedeliege.be

Die Website und der Server des Hauptcomputers stehen miteinander in Kontakt. Internet-App: Cyber Tower. Mit der App können Sie den kybernetischen Turm in 3-D-Darstellung bis ins kleinste Detail erkunden und Ihrer Kreativität freien Lauf lassen.

Mit dem Schiffstaxi ins Museum

49

D 3

Auf der Maas von einem Ende der City zum anderen

Es sind nicht mehr nur die restaurierte Altstadt, das Shopping-Carré und der Wochenmarkt La Batte, welche die Besucher anziehen, sondern auch das neue Lüttich auf der anderen Seite der City: das Viertel um den TGV-Bahnhof Guillemins und das Museum La Boverie auf der Museumsinsel. Es gibt eine wunderbare und preisgünstige Möglichkeit, den Besuch dieser Sehenswürdigkeiten zu verbinden – mit dem Schiff über die Maas. Gegenüber dem Aquarium-Museum von Lüttich, am Quai Van Beneden, liegt der zentrale Anlaufpunkt mit Ticketservicestelle für den Start zu Ausflugsfahrten auf der Maas. Die Flotte fährt an sieben Tagen in der Woche, vom 1. April bis 31. Oktober. Die Abfahrtszeiten gelten stündlich in beide Richtungen zwischen 10 und 18 Uhr. Es gibt sechs Haltestellen, drei am linken und drei am rechten Maasufer. Die erste ist Coronmeuse am Messezentrum, danach folgt Kurth. Von hier aus lässt sich das Viertel Outremeuse erkunden und der Freitagsflohmarkt. Die dritte Haltestelle ist das historische Herz von Lüttich, mit dem Museum Grand Curtius, der Stiftskirche Saint-Barthélemy, den Hängen des Zitadellenhügels über der Altstadt, dem fürstbischöflichen Palast, der Oper und dem Museum Cité Miroir. Dann am Aquarium-Museum, von diesem Halt aus geht es über die Maasbrücke zur Kathedrale Saint-Paul mit ihrer Schatzkammer, der wunderschönen Kirche Saint-Jacques und dem Einkaufsparadies Carré. Schließlich legt das Schiff am Quai de Rome an, an der Brücke La Belle Liégeoise. Über sie ist es nur ein Katzensprung bis zum TGV-Bahnhof Guillemins, zum neuen Museum La Boverie und zum gleichnamigen Park auf der Maasinsel. Die letzte Anlegestelle ist an der schönsten Brücke von Lüttich, der Pont de Fragnée.

www.navettefluviale.be

www.liege-croisieres.com

www.ouftitourisme.be

Maas-Shuttle: eine originelle Art und Weise, Lüttich zu erkunden

Im Marionettenmuseum von Outremeuse

Vorhang auf für – Tchantchès

50

E 3/4

Tchantchès, der Lütticher Volksheld, eine fiktive Figur aus dem alten Stadtviertel Outremeuse, seines Zeichens eine Marionette mit blauem Bauernkittel, rotem Halstuch mit weißen Tupfern und Holzschuhen, das Gesicht unter der Mütze leicht gerötet, etwas verbeult. Eine echte Berühmtheit, der man oft in der Stadt begegnet (z. B. in einem Modellflugzeug sitzend mit Nanèsse auf dem Rücksitz am Place Saint-Lambert, „Kinder bitte einsteigen" heißt es hier, für ein tolles Motiv, oder das Tchantchès-Denkmal am Place de l'Yser). Seine Refugien sind die Taverne Tchantchès et Nanèsse und das kleine Museum und Theater in der Rue Surlet 56 gleich um die Ecke. Held des Ortes ist natürlich Tchantchès. Eine Legende (auf einer Plakette in der Gasse La Roture zu lesen) erzählt, dass Tchantchès um 760 als Säugling zwischen zwei Pflastersteinen in Outremeuse gefunden wurde. Der erste „Ausruf" des Kleinen soll „pékèt" (Wacholderschnaps) gewesen sein. Er nennt eine Garderobe sein Eigen, für die ihn nicht wenige Stars und gekrönte Häupter beneiden würden. Immer auf dem neuesten Stand der Mode wächst sie stetig. Das Museum zeigt in seiner Sammlung auch eine ganze Reihe anderer Stücke, insbesondere das Royal Bouquet von Outremeuse, eine Art symbolische Trophäe, die mit den Wappen der örtlichen Musik- und Trachtengruppen geschmückt ist. Und natürlich ist ein Ehrenplatz für die Lütticher Marionetten reserviert. Ungefähr 136 Exponate werden gezeigt, im Wesentlichen gehören sie zur Sammlung von Denis Bischeroux, einem Schausteller, der zu Beginn des 19. Jahrhunderts sein Theater in einer nahegelegenen kleinen Seitenstraße eröffnete. Eine authentische Bühne, die im großen Saal des Museums aufgebaut ist, zeigt den Besuchern jede Woche traditionelles Marionettentheater auf Wallonisch und Französisch. An Originalität kaum zu überbieten.

www.tchantches.be

www.laboutiquedeliege.com

Die Lütticher Marionetten Tchantchès et Nanèsse

Prosit, mit beiden Händen

In Outremeuse steht eine der urigsten Tavernen Lüttichs

51

E 3/4

Die Taverne Tchantchès et Nanèsse (16. Jahrhundert) in der Rue Grande Bêche 35 ist ein Refugium der Lütticher Tradition. Dieses Knusperhäuschen mit der Fachwerkfassade und dem großen Bierkrug darauf als Emblem steht unter Denkmalschutz und stammt aus dem 16. Jahrhundert. Schwere Deckenbalken, Ziegelsteinmauern, Nischen und viele Kuriositäten prägen das Interieur, mittendrin der Tresen mit der sofort ins Auge fallenden Phalanx von großen, schmucken Marionetten, die darüber an der Decke hängen. Über dem Tresen: Bierkrüge an Haken mit Namen der Stammgäste. Auch der Bierkrug ist eine Legende. Als eines Tages Karl der Große durch Outremeuse ritt, führte ihn sein stolzes Paradepferd schnurstracks in diese Kneipe. Tchantchès trank dort gerade einen Schoppen an der Theke. Als Tchantchès das stolze Gespann erblickte, fiel er vor Schreck vor dem sich aufbäumenden Pferd hin. Dabei verlor er seinen Krug: Dieser flog in hohem Bogen durch die Kneipe und landete unglücklicherweise auf den feuchten Fliesen. Der Henkel zerbrach und Tchantchès geriet in große Wut. Der gutmütige Kaiser war dadurch gerührt und sagte zu Tchantchès: „Kumpan, hier hast du eine meiner goldenen Sporen. Mach einen Henkel für deinen Krug daraus. Ach, fügt er hinzu, nimm doch beide, sonst müsste ich ja humpeln“. Tchantchès Gefährtin Nanèsse befestigte die beiden Sporen des Kaisers an diesen seitdem berühmten Krug. Seit jenem Tage lautet hier der Trinkspruch: „A vos' santé … à deûs mains“ (Prosit, mit beiden Händen). Die den beiden gewidmeten hauseigenen Biere schmecken auch in typischen Gerichten wie Stubenküken in Nanèsse Bier oder Kaninchen in Tchantchès Bier.

www.taverne-tchantches.be

Das Lokal ist nach Tchantchès und seiner Gefährtin Nanèsse benannt, die in Form zweier lebensgroßer Holzfiguren vor dem Lokal die Gäste begrüßen.

Feierbiester

In der Freien Republik

52

E 3/4

Das Lokal Tchantchès et Nanèsse ist Kult und zugleich Stammlokal der gleichnamigen Bruderschaft und der Vereinigung der Freien Republik Outremeuse, deren Zweck die Wahrung und Förderung des Brauchtums in diesem Stadtviertel ist. Damit hat man etwas mit Paris gemeinsam, denn 1927 reiste eine Gruppe von Journalisten und Persönlichkeiten aus diesem Viertel in die Seine-Stadt und war von der Freien Gemeinde Montmartre derart beeindruckt, dass man beschloss, so etwas auch in Lüttich zu gründen. Das wurde im gleichen Jahr noch in die Tat umgesetzt. Die größte Herausforderung für diese „Regierung" ist die Durchführung des jährlichen Festes zum Mariä Himmelfahrtstag (14.–16. August). Ein Protagonist ist natürlich Tchantchès: Nationalheld und Marionettenfigur. Er steht auf der gleichen Verehrungsstufe hier wie Georges Simenon, der berühmte Schriftsteller, der seine Kindheit in Outremeuse verbrachte. Wallonisches Brauchtum und Sprache werden in Outremeuse gepflegt. Ganz besonders intensiv, wenn die Puppen tanzen, im Tchantchès-Museum (Präsentation auch auf Deutsch), einem Marionettentheater in der Rue Surlet 6, das am Mariä Himmelfahrtstag einem Wallfahrtsort gleicht. Für die Festtage sind die vielen Wandkapellen mit Statuen der Jungfrau Maria geschmückt. In den Straßen des Viertels feiern die Menschen mit Pékèt und Boûkètes (Buchweizenpfannkuchen mit Korinthen). Am 15. August gegen 15 Uhr zieht das Defilee der Riesen durch das Viertel. Allen voran Tchantchès und Nanèsse, seine Gefährtin. Nicht als Marionetten, sondern als gut vier Meter hohe Riesenpuppen. In illustrer Begleitung: Der heilige Lambertus, Pfeifenraucher Kommissar Maigret, der Lütticher Komponist Grétry und weitere Prominenz. Dazu Soldaten in napoleonischen Uniformen und Spielmannszüge. Am 16. August: burleskes Zeremoniell des Begräbnisses des Mâti l'Ohé um 17 Uhr. Klageweiber und Klagemänner begleiten schreiend, jammernd und mit Selleriestangen werfend den „Trauerzug" für einen ... Knochen ... namens Mathieu.

www.tchantches.be

Outremeuse steht am 15. August Kopf.

Auf dem Trödel-Boulevard

Lüttichs großer Flohmarkt findet in Outremeuse statt

53

E 3/4

„Da hinten geht gar nichts", sagt der Lütticher Polizist in erstaunlich gutem Deutsch und weist nach rechts ab. Die Parkplätze am Flohmarkt in Outremeuse sind rappelvoll, doch an der nahen Maas entlang ist noch Platz vorhanden. Der von Schatten spendenden Bäumen gesäumte Mittelstreifen des Boulevards de la Constitution ist Lüttichs großer Flohmarkt, jeden Freitag von 6 bis 13 Uhr. Demgegenüber ist der berühmte La Batte ein Wochenmarkt, der immer sonntags quasi gegenüber am anderen Maasufer in der Altstadt stattfindet. Die multikulturelle Couleur im Lütticher Viertel Outremeuse erzeugt ebenso eine besondere Atmosphäre wie die alten Fassaden am Boulevard, die Cafés, die Plätze und die südländisch anmutende Gelassenheit beim Stöbern. Das Publikum besteht aus vielen Nationalitäten, dem entspricht das Angebot an Kram, Kunst und Kitsch, aber auch an Alltäglichem. Trödelfans können hier manches Schnäppchen machen. Pascal, der Garçon aus dem Café Toussaint, serviert vielen Stammkunden, darunter befinden sich auch manche deutsche. Sie suchen nicht nur nach Trouvaillen, die hier durchaus zu finden sind, sondern genießen zudem die frankofone Lebensart. Dazu gehört für manchen auch ein Besuch in der kleinen Eckbuchhandlung A l'enseigne du Commissaire Maigret. Sie ist eine Reminiszenz an den großen Sohn von Outremeuse, den Schriftsteller Georges Simenon. In der kunterbunten Flohmarktwelt sorgen auch mal ein Akkordeonspieler oder ein studentisches Streichquartett für originelle Untermalung. Die Duftschwaden der leckeren, echten belgischen Pommes und der Lütticher Waffeln liegen in der Luft. Vom Flohmarkt aus sind es nur rund 15 Gehminuten über die Fußgängerbrücke Passerelle bis in die Lütticher City. Eine Pause auf der Brücke lässt den Blick rechts und links über die breite Maas und die Silhouetten der Stadt bis hinüber zum historischen Zentrum schweifen.

Genusstipp: Côté-Cour Côté Jardin, Bd. de la Constitution, 48, Traditionelle Küche, Salon mit Elementen der Neorenaissance sowie Gartenterrasse.

www.cotecour-cotejardin.be

Der große Trödelmarkt in Outremeuse

La Roture

Durch den Löwenkäfig

54

E 3/4

Suchen wir doch eine Kultgasse in Outremeuse auf. Dazu starten wir am legendären Café Randaxhe an der Chaussée des Prés 61. Dann geht es am Kreisverkehr direkt gegenüber in die Rue Puits-en-Sock. Diese zeigt einige alte Häuser, teils mit reich verzierten, in Stein gehauenen Dekors aus dem 17. und 18. Jahrhundert. Die Straße polarisiert. Zum einen gibt es hier originelle Geschäfte und Restaurants, zum anderen aber auch Leerstand. Sehr gut ist das Brottheater, Le Théâtre du Pain, mit leckeren belegten Baguettes für unterwegs. Wer möchte, kann noch einen Abstecher linker Hand in die Rue des Récollets mit dem Museum des Komponisten Grétry machen und bis zur Kirche Saint-Nicolas gehen. Die Kirche hat eine Fassade im Barockstil. Im Inneren wird die Statue der schwarzen Jungfrau aufbewahrt, die anlässlich der Prozession zu Mariä Himmelfahrt durch die Straßen getragen wird. Von der Rue Puits-en-Sock gegenüber dem Haus Nr. 29 mit dem Schild „Au château de Franchiment" wacht ein verwaist scheinendes Gittertor vor einem dunklen Durchgang. „Cages aux Lions" (Löwenkäfig) nennt man dieses Gitter hier. Jedoch wird man nicht auf wilde Tiere treffen, sondern höchstens auf Biester – Feierbiester. Dahinter führt der Weg nämlich in die Gasse La Roture. Sie ist eine der Protagonistinnen des weiter oben beschriebenen Volksfestes am 15. August zu Mariä Himmelfahrt. Tagsüber eher verlassen, erwacht sie abends mit einigen Restaurants und Kneipen zum Leben. Darunter auch das Atelier C, ein Schankort der Lütticher Brauerei C, die wir noch kennenlernen (siehe Ort 65). Die Gasse mit ihren schönen alten Fassaden birgt romantische Züge (z. B. Montefiore-Levi-Brunnen und Marienkapellchen). Sie führt bis auf die Rue Jean d'Outremeuse. Ihr folgt man bis zum Kreisverkehr und biegt dann rechts wieder in die Rue Surlet ein, die zurück zum Place de l'Yser und dem Café Randaxhe führt.

Kultgasse Rue Roture

Legendäre Pfeifenraucher

Georges Simenon und sein Kommissar Maigret

55

D 2

Der Pariser Kommissar Maigret ist eine Schöpfung von Georges Simenon (1903–1989), dem berühmtesten Sohn der Stadt Lüttich. Simenon ist eine Legende mit einem bewegten Leben und einem Werk voller Superlative, darunter 55 Romanverfilmungen unter anderem mit Filmgrößen wie Claude Chabrol und Jean Gabin. Georges Simenon wird am 13. Februar 1903 in Lüttich geboren, an einem Freitag. Angeblich hat seine abergläubische Mutter den Vater überredet, auf dem Standesamt die Angabe des Zeitpunkts der Geburt etwas vorzuverlegen, von kurz nach auf kurz vor Mitternacht, also auf den 12. Februar, dem dadurch offiziellen Geburtsdatum. Ein ungelöster Fall. Typisch für seine Fähigkeiten, sich in Szene zu setzen und clever zu vermarkten, sind die vielen Geschichten, die Simenon über sein berauschendes Leben zum Besten gab, dessen Anekdoten augenscheinlich schon bei der Geburt begannen. Gegenüber Frederico Fellini ließ er seine berühmteste Aussage fallen: Er habe über 10.000 Frauen gehabt. Sicher ist auf jeden Fall seine publicityträchtige Liaison mit der schillernden Tänzerin Josephine Baker. Nach der Schulausbildung nimmt er eine Arbeit als Verkaufsgehilfe in einer Buchhandlung an, wird aber nach sechs Wochen entlassen. Eine Lehre als Konditor bricht er wieder ab. Schließlich ging er zu einer Lütticher Zeitung. Am Place Saint-Lambert kaufte sich Georges seine erste Tabakpfeife, auch das Markenzeichen seiner unsterblichen Romanfigur, des Kommissars Maigret. 1920 folgte dann sein erster Roman „Au Pont des Arches“. In seinen Romanen lässt sich übrigens durchaus Autobiografisches entdecken. Die oft einfachen, kleinen Leute in Simenons Werk und die Milieus, in denen die Geschichten spielen, erinnern an Outremeuse, das Lütticher Stadtviertel der Arbeiter und kleinen Künstler. 1922, ein Jahr nach dem Tod seines Vaters, verlässt Simenon seine Heimatstadt vom Bahnhof Guillemins aus nach Paris … und in eine Weltkarriere.

Die Pont des Arches mit ihren vier großen Themenskulpturen: Das Mittelalter, Die Résistance, Die Revolution und Die Geburt Lüttichs

Krimizeit

Spurensuche zum berühmtesten Sohn der Stadt

56

E 3/4

Links, am Fuß der Treppe des Rathauses, befindet sich auf der Fassade eine Gedenktafel mit Namen unter anderem eines gewissen Arnold Maigret. Als Journalist muss Simenon im Rahmen der Lokalberichterstattung mit diesem echten Maigret, der 1945 in einem Konzentrationslager starb, mehrmals konfrontiert worden sein. Erinnerte er sich dieses Namens, als er seinen berühmten Kommissar erschuf? Direkt hinter dem Rathaus stand das Kommissariat. Der Platz wurde 2003 zu Ehren Simenons in Place du Commissaire Maigret umbenannt. Auf einer Bank kann man sich hier neben der lebensgroßen Figur des Pfeife rauchenden Schriftstellers niederlassen. Der Platz liegt gegenüber dem Geburtshaus Simenons (Rue Léopold 24). Mit seinen Künstlerfreunden führte Simenon in seiner Heimatstadt in jungen Jahren ein kurzes, aber intensives Bohémiendasein, in der Künstlergruppe La Cacque (Das Heringsfass). Ihr Treff war ein Zimmer in einem kargen Hinterhof nahe der Kirche Saint-Pholien. Im Erfolgsroman „Der Gehängte von Saint-Pholien“ nimmt er sogar eine Tragödie auf, die 1922 in Lüttich für Aufsehen sorgte. Der junge Künstler Joseph Kleine erhängte sich sturzbetrunken am Türklopfer der Kirche Saint-Pholien. Simenon hatte die Nacht zuvor noch mit ihm zusammen im Zimmer des La Caque, nur wenige Meter entfernt, berauscht gefeiert. In diesem alten Lütticher Quartier ist eine Straße nach Simenon benannt. Vom Place de l'Yser geht die Rue Georges Simenon ab zum Place du Congrès, den eine Büste des Autors ziert. Seit 1996 besteht hier auch die Jugendherberge Georges Simenon. Vor der Jugendherberge fällt die Skulptur „Fondements du Voyage“ auf. Der Bildhauer Daniel Dutrieux hat hier 1996 um einen großen, runden, am Boden verketteten Stein steinerne Reisekoffer platziert, die als Sitzbänke dienen.

Auf sieben der acht kofferförmigen Bänke liest man in leicht angepasster Form den Anfang des Werkes „Die Witwe Couderc“, während die achte Bank Simenons Unterschrift trägt.

Reminiszenz an die Heimat

Lüttich in Georges Simenons Werk

57

D 2

Place du Marché – Rathaus

„Zu jener Zeit streifte ich gerne in der Nähe des Rathauses umher, wo, in Lüttich mehr als anderorts, das wahre Herz der Stadt und des Umlands schlägt. Immer der Nase nach, ließ ich mich einfach treiben [...].“ „Ich liebte den Lärm, das Kommen und Gehen, die Farben, die Musik, die von allen Seiten an mein Ohr drang [...]. Ich liebte die kleinen Kneipen am Platz mit ihrem Duft nach Wacholderschnaps, in denen die wallonischen Dichter und die Darsteller der örtlichen Bühnen verkehrten.“ [Georges Simenon, „*Quand j'étais vieux*“, 1970].

Die große Maasbrücke „Pont des Arches“

„Langsam, wie schlaftrunken fließt die Maas dahin, glatt und glitzernd unter dem Streicheln der dünnen, goldgelben Strahlen, die mühsam den bläulichen Morgennebel zu durchdringen suchen. An ihrem Rand entfaltet die Uferstraße, Quai de la Goffe, bereits ihre ganze lebendige Farbenpracht mit den großen Obstkörben der Händler, denen ein taufeuchter Wiesenduft entströmt.“
[Georges Simenon, „*Lettres à une petite bourgeoise*“].

Rue des Récollets 34 – Outremeuse

„In den Fenstern befinden sich noch immer die alten, grünlichen, bleigefassten Butzenscheiben. Es ist ein Haus mit einfachen, polierten Mauern, wie man es häufig in den Chiaroscuro-Malereien der flämischen Meister sieht. So ein Haus hätte ich gerne gehabt [...]“
„In den engen Gassen um die Nikolauskirche wimmelt es von Kindern. Sie spielen im Bach, der nach Armut, nach Lumpen und Unrat riecht. Ihre Füße stecken in Holzschuhen.“
[Georges Simenon, „*Mémoires intimes suivis du Livre de Marie-Jo*“, 1981].

Kirche Saint-Pholien – Outremeuse

„Sie war nicht schön“, muss eine der Romanfiguren des Gehängten von Saint-Pholien einräumen. „Ihr fehlte sogar jeglicher Stil [...], aber sie war sehr alt und der Gebäudelinie haftete etwas Geheimnisvolles an.“
[Georges Simenon, „*Le pendu de Saint-Pholien*“, 1931]
Suchen Sie diese Plätze auf – für das echte Lüttich-Feeling!

Auf dieser Plakette am Rathaus steht der Name Arnold Maigret.

Das kann doch keine Sünde sein

Jeder Gastronom in Lüttich, der etwas auf sich hält, serviert die famosen Fleischklöße

Die Bezeichnung „boulet“ (Fleischkloß) hat ihren Ursprung im Wort „boulette“, die man schon in der Hochantike herstellte und verzehrte. Der Ausdruck „boulet“, wie er heute verwendet wird, erschien erst im 16. Jahrhundert, dank des Know-hows eines gewissen Lancelot de Casteau, der als Koch für gleich drei aufeinanderfolgende Lütticher Fürstbischöfe tätig war. Das aktuelle Rezept der Lütticher Fleischklöße geht aber auf ein unveröffentlichtes und anonymes Manuskript aus dem 18. Jahrhundert zurück, das man in der Nähe von Havelange fand. Demnach werden die Fleischklöße aus gehacktem Rindfleisch und Speck hergestellt. Es wird zudem erwähnt, dass die Fleischklöße noch besser schmecken, wenn sie aus Kalbfleisch zubereitet sind, das im 19. Jahrhundert als „königliches“ Fleisch galt. Damals konnten sich jedoch nur wohlhabende Menschen frisches Kalbfleisch, Rinderfett und Muskatnuss leisten. Erst seit dem letzten Jahrhundert entwickelten sich Fleischklöße zum Gericht für jedermann. Sie sind ein echter Schatz der Lütticher Küche, ein Gaumen- und Augenschmaus gleichermaßen, sie verführen sowohl die Nase als auch die Papillen. Als lukullisches Erbe sind sie aus der Lütticher Gastronomie nicht mehr wegzudenken. Die Bruderschaft für Fleischklöße, Confrérie du Gay Boulet, 1992 gegründet, hat sich auf die Fahnen geschrieben, die handwerkliche Qualität der Lütticher Fleischklöße zu wahren. Jedes Jahr wird die Auszeichnung „Boulet de Cristal“ (Fleischkloß aus Glas) dem Lütticher Gastronom verliehen, dessen Fleischklößegericht von den Mitgliedern der Bruderschaft mit der größten Punktzahl bedacht wurde.

Leckere Adressen für Boulets à la liégeoise:

As Ouhès, Place du Marché 21
Le Saint-Grégory, En Féronstrée 112 (Gewinner 2014)
La Brasserie, Place Cathédrale 3
Taverne Tchantchès et Nanèsse, Rue Grande-Bêche 35

Gemütlich und genussvoll: Le Saint-Grégory

Boulets à la liégeoise

Lütticher Fleischklöße

59

Man genießt die Lütticher Boulets mit Lust und Laune. Die Soße (Sauce Lapin, Kaninchensoße, genannt) aus Sirup und Sultaninen (Rosinen) ist eine grandiose Verführerin, vor allem, wenn belgische Fritten mit im Spiel sind. Und das sind sie eigentlich immer. Dabei hat dieses Gericht aber auch gar nichts vom Kaninchen in sich. Die Soße heißt einfach so, weil es die gleiche ist, die auch zum anderen Klassiker, Lapin à la liégeoise (Kaninchen Lütticher Art), serviert wird.

Zutaten für 10–12 Fleischklöße:

500 g Rinderhack
500 g Schweinehack
1 Schalotte, feingehackt
5 Eier
Salz, Pfeffer
2 EL getrocknete Petersilie
1 Scheibe zerbröseltes trockenes Weißbrot oder Semmelbrösel
20 g Butter

Sauce Lapin:

3 gehäufte EL weiße Rosinen/Sultaninen
2 bis 3 Zwiebeln
1 Knoblauchzehe
20 g Butter
2 EL Sirop de Liège (Apfel- oder Birnenkraut)
200 ml Rinderbrühe
1 Zweig frischer Thymian
1 Lorbeerblatt
2 Gewürznelken
1 EL Rohzucker
1 EL Essig
750 ml braunes Bier
Salz, Pfeffer
Ein wenig Mehl, um die Soße ggf. anzudicken

Duften quasi auf jedem Bistrotisch: die Lütticher Fleischklöße

Zubereitung:

Fleischklöße:

Alle Zutaten bis auf die Butter in einer großen Schüssel vermengen und ca. 12 Fleischklöße formen.

Die Butter in einer großen Pfanne erhitzen und die Fleischklöße von beiden Seiten braten.

Sauce Lapin:

Die Rosinen in lauwarmem Wasser einweichen lassen.

Die Zwiebeln und den Knoblauch feinhacken.

Zwiebeln und Knoblauch in der Butter andünsten, bis sie glasig werden.

Den Sirop de Liège, 200 ml Rinderbrühe, die eingeweichten Rosinen, Thymian, Lorbeerblatt, Nelken, Rohzucker, Essig sowie die Hälfte des Bieres zufügen und 20 Minuten köcheln lassen.

Den Rest des Bieres hinzufügen, salzen, pfeffern und ggf. mit etwas Mehl andicken, wenn die Soße zu flüssig ist.

Weitere 15 Minuten köcheln lassen.

Die Fleischklöße in die Soße geben und bei niedriger Temperatur weitere 20 bis 30 Minuten köcheln lassen.

Zum Schluss abschmecken.

Lütticher Salat

Einfach und natürlich, zurück zu den Wurzeln

60

Diese typische kulinarische Spezialität ist eine der beliebtesten im Lütticher Land und zeigt auf perfekte Weise den Charme und die Unkompliziertheit der Lütticher Küche von früher. Der Legende nach heißt es, dass am linken Ufer der bürgerlichen Viertel der Ile oder Isle (das „Quartier Latin" Lüttichs auf der alten Maasinsel) und des Palais (des fürstbischöflichen Palastes) der Lütticher Salat mit Crème fraîche verfeinert wurde, während man ihn im volksnahen, populären Viertel Outremeuse (auf der rechten Maasseite) mit Zwiebelschalen würzte. Es existieren daher zwei Versionen des Lütticher Salats. Manche sind sogar davon überzeugt, dass man Lütticherin oder Lütticher sein muss, damit er überhaupt gelingt … Eines ist jedoch sicher: Man sollte ihn unbedingt probieren. Es ist vor allem ein sehr schmackhaftes Gericht, mit leichter Säure, um den Fettgehalt zu mildern, aber es ist auch ein komplettes Gericht, das schnell zubereitet werden kann. Kurz, es ist ein etwas sonderbar anmutender, typischer Salat für den Winter oder den Herbstbeginn, ein Rezept lokaler Prägung, das man in vollen Zügen genießt. Hinein gehören mehlig kochende Kartoffeln (z. B. Bintje), grüne Bohnen, leicht gesalzener Schweinespeck oder gebratener Speck, gehackte Schalotten, gehackte Zwiebel, Weißweinessig, Salz und Pfeffer. Den Kick verleiht dem Ganzen der Essig, jeder nach seinem Gusto. Dieses vollwertige und nahrhafte Gericht kann dennoch auch nur als Begleitung zu Schweinekoteletts, zu gebratenen Landwürsten oder der Lütticher Spezialität der Boudins (Blut- und Weißwürste) serviert werden.

Und in diesen Lokalen wird er unter anderem serviert: As Ouhès, Tchantchès et Nanèsse, Amon Nanèsse

Ein Klassiker voller Geschmack

Die echten Gaufres de Liège

Heiße Eisen

61

G 6/7, E 4, C 3/4

Zutaten für ca. 15 kleine Waffeln

400 g Weizenmehl
1 Prise Salz
2 Eier
1 Vanilleschote, Mark
150 g Hagelzucker
½ Tütchen Trockenhefe
50 g Zucker
100 g Butter, zimmerwarm
160 ml lauwarme Milch

Zubereitung:

Mehl, Trockenhefe, Salz und Zucker in eine Schüssel geben und gut vermischen. Mit Eiern, Butter und Vanillemark ergänzen, dann lauwarme Milch unter ständigem Rühren hinzugeben, bis ein geschmeidiger Teig entstanden ist. Den Teig 45 Minuten ruhen lassen, damit dieser aufgehen kann. Vor dem Ausbacken wird Hagelzucker unter den Teig geknetet. Waffeleisen vorheizen und dann kleine Teigportionen circa 5–10 Minuten backen.

Adresstipps für unvergleichliche Lütticher Waffeln (man achte auf das Waffellogo):

Eggenols, Rue des Guillemins 92, www.eggenols.be
Maison André, Rue Puits-en-Sock 106
Maison André, Rue Saint-Paul 32
Maison André, en Gérardrie 37
Pollux, Place de la Cathédrale

Une Gaufrette Saperlipopette, Rue des Mineurs 17, 18 und 20

Der Duft durchschmeichelt die Luft bis aufs Trottoir und an die Nase, nur wenige Schritte vom Lütticher Musée de la Vie Wallonne entfernt. In dieser Feinbäckerei ist alles, wie der Name es schon sagt, saperlipopettement (zum Donnerwetter) gut. In den Backstuben direkt gegenüber stellt das Team vor den Augen der Besucher Kekse und die berühmten Lütticher Waffeln her, nach Großmutters Rezepturen. Diesen süßen und warmherzigen Erinnerungen an die Kindheit kann sich kaum jemand entziehen.

Weitere unter: www.visitezliege.be

Eggenols: die Institution schlechthin für Pâtisserie und Feingebäck seit 1930, nahe dem Bahnhof Guillemins

Kein Waffelstillstand

Zum Daumen und Finger lecken

62

Aus den Backstuben duftet es nach immer neuem Nachschub für diese Lütticher Leckerei. Naschkatzen aufgepasst! Man achte auf das Logo: L'authentique Gaufre de Liège. Denn nur, wo dieses Logo draufsteht, sind auch echte Lütticher Waffeln im Eisen. Im Zentrum Lüttichs zählt man rund 20 Adressen, die dieses Qualitätslabel führen dürfen. Eine der heutigen Technik vergleichbare Herstellungsweise tauchte in der Antike auf, als man einen Teigklumpen zwischen zwei heißen Eisenplatten zu backen versuchte, um Zeit zu sparen. Die uns vertraute Form geht jedoch zurück auf das 13. Jahrhundert. Eines Tages hatte ein findiger Schmied die poetische Idee, Backformen für Oblaten, einem im Mittelalter überaus populären Gebäck, herzustellen, die in Form und Muster an Bienenwaben erinnerten. Der Name für die neuen Kuchen war daraufhin schnell gefunden: Man taufte sie „gaufre", abgeleitet vom lateinischen „gafrum" oder vom altfranzösischen „wafla" bzw. „wafel". Der Legende nach wurde die Lütticher Waffel im 18. Jahrhundert vom legendären Koch des Fürstbischofs, Lancelot de Casteau (genau – der mit den Fleischklößen) erfunden. Der Fürstbischof bat ihn, eine süße Köstlichkeit zu kreieren. Der Koch nahm diese Herausforderung an und begann zu experimentieren, mit einem Hefeteig und Vanille, dem er Zuckerstücke hinzufügte. Der Fürstbischof war betört von dem verlockenden Vanilleduft, der sich beim Backen verbreitete. Der unvergleichliche Geschmack, der köstliche Duft und das charaktervolle Aussehen tragen bis heute zur Beliebtheit der Lütticher Waffel bei. So muss es sein: ein Waffeleisen mit 24 Kästchen, nicht mehr und nicht weniger, eine abgerundete Form an den Ecken, um sich von der rechteckigen Brüsseler Waffel klar abzuheben, und exakt die richtige Menge an Perlzucker für den ganz besonderen Knusper-Touch. Nur ganz langsam schmelzen die Zuckerperlen im Herzen der Waffeln und erzeugen dieses unwiderstehliche Karamellaroma.

Man kann die Finger nicht davonlassen, auch wenn sie klebrig werden.

Café liégeois, der Lütticher Eiskaffee

63

Die Geschichte von mutigen Taten

Der Name lässt es zwar vermuten, aber der Café liégeois, der berühmte Eiskaffee, ist keine ursprüngliche Spezialität der Stadt Lüttich. Die Bezeichnung entstand im Ersten Weltkrieg (1914–1918) während der Kämpfe um die Forts der Lütticher Festung. Der heldenhafte Widerstand der Lütticher stieß in Frankreich auf so großes Interesse, dass bereits am 7. August 1914 der Stadt Lüttich die französische Ehrenlegion zuerkannt wurde, die ihr später, am 24. Juli 1919, offiziell verliehen wurde. Zu der gleichen Zeit verlor der Kaffee in Paris seine Bezeichnung Wiener Kaffee, da der Name nur an den Feind erinnerte. Von nun an wurde er, wie auch andere Gerichte, mit „Lütticher" betitelt. Besagter Café liégeois ist ein heißes Getränk. Es besteht aus einem meistens leichten, einfachen oder doppelten Espresso von eher hell gerösteten Kaffeebohnen; darauf kommt noch geschäumte Milch und geschlagene Sahne, die mit Schokolade als Pulver oder Raspel verziert wird. Allerdings gibt es auch eine kalte Variante, die als Nachtisch serviert wird: Sie besteht aus leicht gezuckertem Kaffee, Eis mit Kaffeegeschmack und geschlagener Sahne. Die Adressen in der Stadt, die einen wahren, nach den Regeln der Kunst zubereiteten Café liégeois aus hochwertigen Zutaten auf der Karte haben, wurden mit dem Label „Véritable Café Liégeois", zertifiziert. A Pilori, Place du Marché 7, As Ouhès, Place du Marché 21, Brasserie Sauvenière, Place Xavier-Neujean, Le Cloître, Musée de la Vie Wallonne, Glacier Pistache et Chocolat, Place du Marché 23, Le Cecil, Place Cathédrale 1, Taverne Tchantchès et Nanèsse, Rue Grande-Bêche 35, The Kitchen, Boulevard de la Sauvenière 139, Stoffels, Rue Saint-Paul 10, Le Celtic, Boulevard de la Sauvenière 145

Zutaten ½ Liter Eis mit Kaffeegeschmack Kalter gezuckerter Espresso, Schlagsahne, Schokokaffeebohnen als Deko

Zubereitung

Zwei Kugeln Kaffeeeis in einen hohen Becher geben. Die Eiskugeln mit kaltem Kaffee übergießen. Das Ganze mit einer schönen Rosette Sprühsahne versehen. Über den Eisbecher einige Schokokaffeebohnen verstreuen.

Café liégeois

Café liégeois, der Zweite

Nanèsse, die Kaffeetante

64

Eine gute oder eine sehr gute Tasse Kaffee zu bekommen, ist heute in der Gastronomie nicht unbedingt eine Selbstverständlichkeit. In Lüttich hat man da Glück. Die alte Leidenschaft der Bewohner aus dem Fürstbistum Lüttich für Kaffee ist schon im Lütticher Dialekt verankert: das Verb „caf'ter" (für das es im Französischen keinen vergleichbaren Ausdruck gibt) bedeutet so viel wie Kaffeetrinken zu jeder Tageszeit. So wird auch Nanèsse, der Freundin des Lütticher Volkshelden Tchantchès, nachgesagt: Nanèsse, èle caf'têye tote li djoûrnêyen (Nanèsse trinkt den ganzen Tag Kaffee) (vgl. Christian Libens, „Gourmand de Liège"). In der Wallonie und besonders in Lüttich ist Kaffeetrinken eine Institution. Man nimmt ihn zu den drei Mahlzeiten und auch zur 4. Stunde, das heißt zum Nachmittags-Kaffee/Imbiss. Somit wissen wir, dass der Café liégeois zum einen ein Eiskaffee ist und zum anderen eine echte Kaffeesorte gleichen Namens. Dessen Entstehung ist der Leidenschaft eines gewissen Charles Liégeois' zu verdanken. Als visionärer Kaffeeröster hat er sein Wissen und sein Unternehmen an seine Söhne Michel und Benoît weitergegeben, die den Familienbetrieb mit der gleichen Begeisterung weiterführen. Mit über fünfzigjähriger Tradition ist Café Liégeois heute als Qualitätsrösterei international bekannt und hat sich dabei die Liebe zum Kaffee bewahrt, die den echten Röstmeister auszeichnet. Sitz der Firma ist Battice im Herver Land vor den Toren Lüttichs. Sie stellt verschiedenste Sorten Kaffee her, darunter edle und außergewöhnliche, aus den besten Bohnen der Welt, dazu auch den berühmten Kopi Luwak (die teuerste Kaffeesorte überhaupt) sowie fair gehandelten Kaffee unter dem Label Max Havelaar. Café Liégeois ist natürlich auch im Handel erhältlich.

www.cafe-liegeois.com

Wer Lüttich sagt, der sagt Kaffee.

Die Lütticher Brauerei C

Eine verdiente Belohnung

65

CD1

Die Leidenschaft für das Bierbrauen erwachte für Renaud und François, den beiden Besitzern der Mikrobrauerei, während ihres Studiums der Agrarwissenschaften. Sehr schnell hatten sie sich dann dazu entschlossen, ein exquisites Lütticher Bier zu brauen: das Curtius, das in Lüttich in aller Munde ist, eine echte Köstlichkeit. Das Curtius ist ein helles Bier mit leichtem Geschmack und erfrischenden Aromen. Es besteht aus verschiedenen Gersten- und Weizensorten, diese Basis liefert ihm eine angenehme Leichtigkeit, während die Assemblage der aromatischen Hopfenblüten dem Bier eine subtile Bitternote, aber auch Blume und Frucht verleiht. Sein einzigartiger und entwicklungsfähiger Geschmack ist die Frucht verschiedener Etappen der Fermentation, die mehrere Monate dauert. Außerdem sind das Smash C, ein Hoppy Ale, sowie das Black C, ein Belgian Stout im Sortiment. Wer sich an die 374 Stufen der steilen Bueren-Treppe in der historischen Altstadt wagt (und wieder zurück), der kann sich anschließend nur ein paar Schritte um die Ecke mit einer kulinarischen Belohnung verwöhnen, dem Curtius Bier. Lüttich hat nun wieder eine Brauerei in der City, die Brasserie C (C für Curtius). Auf der Terrasse in dem urig verwinkelten Innenhof mit den pflanzenbewachsenen Ziegelsteingebäuden, Blausteinrundbögen und -fenstereinfassungen lässt es sich gemütlich rasten oder im Brewpub eines der köstlichen Biere genießen. Hier bleibt man gerne lange sitzen. Zu der kleinen Brauerei gehören auch ein Restaurant und ein Shop mit regionaltypischen Produkten und den Bieren des Hauses.

brasseriec.com

Bild oben die Terrasse und Bild unten im Schankraum

Die Bierbar Le Vaudrée

Mehr Sorten gehen kaum

66

B 4, J 9

Die opulente Theke mit der Phalanx an Zapfhähnen, meterlangen Reihen dekorierter Bierflaschen, bunten Markenschildern und typischen Gläsern zu den einzelnen Sorten fällt sofort ins Auge. Die Barkeeper lassen schäumende Biere übermütig in die Gläser fließen oder arrangieren ausgesuchte Flaschenbiere in Spezialgläsern auf Tabletts. Paradiesische Zustände für Liebhaber besonderer Gerstensäfte herrschen im Vaudrée 2 in der Rue Saint-Gilles 149. Die Getränkekarte erinnert an eine Fibel, zig Seiten Biersorten und Biergerichte. Die Qual der Wahl hat hier eine besonders angenehme Dimension. Alle sind sie vertreten, die belgischen Bier-Heroen. Im Keller lagern dazu Hunderte Sorten in Flaschen mit exotischen Namen wie Delirium Tremens, Urthel Hibernus Quentum oder Sexy Lager. Der eine schwelgt in Hopfenaromen eines von Mönchen in der Einsamkeit der Ardennen gebrauten Klosterbiers wahrhaft frommer Herkunft, der andere geht auf Verkostungstour bei einer vielversprechenden Probe durch die belgische Bierwelt. Biertrinken wird im Vaudrée regelrecht zelebriert, und man kann am Wochenende bis in die Nacht hinein (3 oder 4 Uhr, je nach Adresse) sitzen bleiben. Die Kellner sind Spezialisten und stehen den Gästen bei der Auswahl zur Seite. Das ansprechende Interieur, hell, freundlich, komfortabel und modern geprägt, tut sein Übriges, um einen Besuch des Vaudrées lohnenswert zu machen. Das ist keine Kneipe, sondern Bierkultur mit Stil im Brasserieformat. Vaudrée ist ein Konzept aus Bierkultur und Gastronomie mit beliebten Fleischgerichten vom heißen Stein und am Epée, dem Schwert, das in einer extra Vorrichtung am Tisch befestigt und der Spieß darin eingehängt wird. Es gibt insgesamt sieben Vaudrées in der Provinz Lüttich: in Angleur, Lüttich, Juprelle, Boncelles, Barchon, Messancy und Oreye.

www.vaudree-concept.be

Überschäumend: Lüttich ist etwas für Bierliebhaber.

Charlemagne

Kleine Schokolade mit großem Namen

67

E 2

In Belgien gibt es sie noch, die kleinen Manufakturen, die Refugien passionierter Maîtres Chocolatiers So wie Charlemagne, versteckt gelegen auf einem Gutsbauernhof in Herstal bei Lüttich. Um das Jahr 715 stand in einem grünen Nebental der Maas eine Mühle, die dem Grafen de Laon gehörte. Dessen Tochter Bertrade, eine bemerkenswerte Schönheit, trotz ihres Makels, einen Fuß länger als den anderen zu haben, erweckte die Aufmerksamkeit des damaligen sogenannten Hausmeiers Pippin, genannt „der Kurze". Er war der Sohn Karl Martells aus dem Geschlecht der Karolinger. Aus der Liebesbeziehung Pippins mit Bertrade ging ein Sohn hervor, der später unter dem Namen Karl der Große (Charlemagne) zu einer der bedeutendsten Persönlichkeiten der Geschichte wurde. Die Mühle wurde um das Jahr 1000 zerstört und der Bauernhof Charlemagne aus den Ruinen erbaut. Das heutige Gehöft geht auf das 17. Jahrhundert zurück.

Der schnelle Erfolg des Hauses Charlemagne lag vor allem in der Umsetzung der Idee begründet, nicht, wie es sonst üblich war, den Geschmack der Schokolade in die Füllung zu geben, sondern schon in die Schokoladenmasse. Das Ergebnis ist Schokolade von grandioser Feinheit, die sich nicht damit begnügt, zart schmelzend im Mund zu zergehen, sondern zudem im Abgang am Gaumen einen nicht enden wollenden Genuss bereitet. Ihre besondere Qualität erhält die Edelschokolade vor allem durch ausgesuchte, beste Zutaten, einen hohen Kakaoanteil und die reine Kakaobutter. Dabei haben längst auch exotischere Aromen ihren festen Platz. Ein Hauch von Zimt, Veilchen, Jasmin, Earl Grey oder Minze legt sich bereits beim Entblättern der Täfelchen sanft an die Nase. Die Chocolaterie kann von Gruppen von mindestens 20 Personen besichtigt werden (inkl. Verkostung). Diese Köstlichkeiten sind im Laden der Chocolaterie wie auch in der Boutique Li botike di Lidje, in der Féronstrée 143 in Lüttich, im Herzen der historischen Altstadt, erhältlich.

www.charlemagne.be

Lütticher Schokolade – nach Karl dem Großen benannt.

Chocolate City

Konfektkünstler aus Lüttich

68

C 3

In der Stadt und in der Provinz Lüttich sind zwei Dutzend Chocolatiers ansässig. Chocohlàlà ... Allein das wäre schon ein Grund, Lüttich zu besuchen. Einige von ihnen haben auch Läden in der Lütticher City, obwohl man von Läden gar nicht sprechen kann, es sind eher Edelboutiquen. Benoît Nihant gab seinen Ingenieurjob in der Industrie auf, um sich ganz der Schokoladenkunst zu widmen. Mittlerweile ist er weltweit einer von nur rund 15 sogenannten „Cacaoféviers", die Schokolade von Beginn an aus Kakaobohnen herstellen und nicht aus eingekaufter, herkömmlicher Kakaomasse. Er kauft seine Kakaobohnen direkt bei den kleinen Plantagenbesitzern weltweit, etwa in Venezuela und rund um den Äquator. Das ist ein großes Qualitätsmerkmal ebenso wie das Trocknen der Bohnen vor Ort, bei dem sich schon der Geschmack entwickelt. Die Schokolade ist ein reines Produkt, in ihr sind nur zwei Zutaten vereint, Kakaobohnen und Rohrzucker. Sein Flagship-Store befindet sich in der Einkaufspassage Lemonnier in Lüttich, daneben seine Bar à Cacao, eine schokoladige Exzellenz. Auch Jean-Philippe Darcis mit Refugium in Verviers (Atelier, Museum, Shop) zählt zu dieser extravaganten Gilde. Vom feinen Gebäck bis zur dichten, starken Schokolade über köstliche Eiscreme bis hin zum im Mund zart schmelzenden Javanais reicht sein Repertoire. Er ist vor allem ein Meister der „Macarons". Zwischen einer Baiser-Doppelscheibe aus Mandelpulver, Zucker und Ei schmiegt sich eine zarte Ganache oder Buttercreme. Seine Dépendancen in Lüttich liegen in der Rue du Mouton Blanc 22 im Carré und im Einkaufszentrum Belle-Ile en Liège, Quai des Vennes. Weitere Schoko-Adressen: Franz, Rue Saint-Gilles 24, Carré Noir, En Neuvice 29, Neuhaus, Rue-Saint-Paul 18.

www.benoitnihant.be, www.darcis.com

www.martineandco.be

https://de.liegetourisme.be

Edles aus Meisterhand

Rue des Guillemins

Boulevard der Genießer

69

G 6/7

Die Rue des Guillemins ist ein Boulevard, der vom Zentrum Lüttich auf den Bahnhof Guillemins zuläuft. Seit der Erbauung des Bahnhofs vor rund zehn Jahren ist diese Straße sehr aufgewertet worden, vor allem, was hochwertige Einkaufsadressen, aber auch Restaurants betrifft.

Caseus, L'atelier du fromager, Rue des Guillemins 88

Caseus (lateinisch für Käse) ist ein feiner Käseladen, der sich in die Phalanx der Feinkostläden in der Rue des Guillemins einreiht. Die Auswahl ist erstaunlich und edel, viele belgische Käsesorten aber auch französische Exzellenz stehen hier zur Auswahl. Das Stammhaus dieser Käserei liegt im Lütticher Vorort Beaufays.

www.facebook.com/Caseus.Liege

Comptoir Des Mers, Rue des Guillemins 90

In unmittelbarer Nähe zum Caseus liegt einer der besten Fischläden der Stadt, das Comptoir Des Mers. Diese Adresse steht bei Lütticher Feinschmeckern ganz hoch im Kurs.

Pâtisserie Eggenols, Rue des Guillemins 92

Und um die Genussgalerie in dieser Straße zu vervollständigen, lohnt sich auf jeden Fall ein Besuch der Pâtisserie Eggenols, die wir schon als eine der besten Adressen für Lütticher Waffeln vorgestellt haben. Das Haus hat jedoch weit mehr zu bieten. Die Pâtisserie, Kuchen, Backwaren, Petit Fours und viel anderes Feingebäck lassen einem das Wasser im Munde zusammenlaufen.

www.eggenols.be

Le Concordia, Rue des Guillemins 114

Eine Institution in Lüttich seit 1953, durchgehende Küche, viele regionaltypische Spezialitäten, vor allem aber auch Fleischgerichte aus den verschiedensten Stücken von Schwein, Rind und Kalb, in einer Auswahl, wie man sie selten findet. Außerdem: Muschelgerichte.

Die Top-Käseadresse: Caseus

As Ouhès

Der „Klassiker" wallonischer Regionalküche in Lüttich

70

D 2

Tout Liège geht ins As Ouhès. Traditionelle Lütticher Gerichte, deftige Delikatessen à la Hausmacher Art. Gepflegtes Intérieur im Lütticher Stil, ausreichend Platz, Terrasse mit Flair. Im Zentrum Lüttichs am alten Wahrzeichen der Stadt, dem Perron-Brunnen, und nur wenige Meter vom fürstbischöflichen Palast entfernt liegt eine jener Adressen, wo die wallonische Regionalküche so authentisch wie kaum woanders zelebriert wird. Im As Ouhès sind die vielen schmackhaften Produkte Bestandteile einer bodenständigen Küche, in der die traditionellen Gerichte sorgfältig zubereitet werden. Und das bereits seit 1900. Der Name As Ouhès bedeutet aus dem Lütticher Dialekt „die Vögel". Kurioserweise befand sich an der Stelle des heutigen Restaurants früher ein Friedhof. Eine steinalte Grabplatte ist noch heute hinter einer Wand in einer Abstellkammer hinter einer Tür versteckt. Im Lokal kommen deftige Speisen nach Hausmacher Art auf die zinkbeschlagenen Holztische. Das gepflegte Intérieur mit großzügigen Räumen, vielen Holzelementen und Marmorverzierungen erinnert ein wenig an ein Brauhaus. Bier ist hier natürlich unersetzlich, vor allem die typischen belgischen Klosterbiere, die zum Teil auch in der näheren Umgebung produziert werden. „J' aime la bière" (Ich liebe das Bier) lautet bezeichnender Weise ein Schriftzug über der Eingangstür. Regelrechte Klassiker sind Kaninchenkeule in einer Soße von dunklem Leffe-Bier und Lütticher Sirup oder die berühmten Boulettes Liégeoise (famose Frikadellen in süßlicher Sirup-Sultaninen-Soße). Dazu munden, wie sollte es auch anders sein, belgische Pommes Frites. Schließlich darf das passende Bier nicht fehlen und zum Abschluss ein Dessert aus Lüttich, ein unvergleichlicher Café liégeois. Auf diese Weise kann man der Lütticher Küche leicht verfallen.

www.as-ouhes.be

As Ouhès: immer gut und originell

Internationale Restaurants

Originelle Locations

71

C 3

Die Moment Group unterhält in Lüttich drei wunderbare Restaurants in einzigartiger Location mit internationaler Küche aus aller Welt.

Brutàl, Rue Bonne Fortune 17

Das im Viertel an der Hinterseite der Kathedrale gelegene Brutàl ist ein Deko-Design-Wunder voller Ästhetik in nahezu königlicher Pracht. Die Straße Rue Bonne Fortune liegt nicht nur sehr romantisch im Schatten der Kathedrale, sondern hat sich auch zu einem kulinarischen Insidertipp entwickelt. Im Brutàl trifft man auf südamerikanisches Ambiente in einer der besten Cocktailbars der Stadt, mit Restaurant.

Moment, Rue Bonne Fortune 17

Zum Brutàl gehört das Moment im gleichen Gebäude mit Innenhof und toller Terrasse mit Erker. **www.brutal-liege.be**

The Kitchen, Boulevard de la Sauvenière 137

Das dritte Lokal der Gruppe ist, wie der Name schon andeutet, von einem Küchenambiente und verschiedenen Küchendesigns inspiriert. Äußerst originelles Interieur in modernem Konzept.
www.thekitchen-liege.be | www.groupmoment.be

La Cantina, Rue Saint-Denis 2

Sehr guter Italiener, mit schönem Patio mit 200 Jahre alten Weinranken. Frische italienische Küche mit den besten Produkten, auch Fischgerichte. Urlaubsfeeling im originellen Dekor. **www.cantinaliege.be**

Le Bistrot d'en Face, Rue de la Goffe 8

Eines der beliebtesten und originellsten Restaurants der Stadt. Klein, eng, gesellig. Man fühlt sich in die französische Provinz versetzt oder in eine Gasse in Lyon. **www.lebistrotdenface.be**

Le Labo 4, Quai Edouard Van Beneden 22

Wie der Name schon vermuten lässt, handelt es sich hier um ein ehemaliges Chemielabor der Universität Lüttich aus den 1960er-Jahren, heute ein stylisches Szenelokal in Lüttich, nahe der Maas gelegen, das sehr beliebt ist, vor allem für seine Fleischgerichte. Ambiente und Dekor sind in der Tat ungewöhnlich für ein Restaurant: Schultafeln, Reagenzgläser, Medizinflaschen, Becken. **https://lelabo4.be**

Stilvolle Eleganz im Brutàl

Für verschiedenste Anlässe

72

Die kulinarische Vielfalt sorgt für Urlaubsfeeling

C 3, C 2, D 2

Héliport Brasserie – Château de Colonster, Allée de Erables
Zeitweilig ist Fréderic Salpetier der einzige Sternekoch in Lüttich Stadt. Mit seiner Héliport Brasserie residiert er im prestigeträchtigen und entzückenden Rahmen des Château de Colonster. Die Brasserie liegt in der Krypta des Schlosses, mit einer schönen großen Terrasse im Grünen. Feine Küche mit Gourmetprodukten, besonders zu nennen, ist die Auswahl an exquisiten Tapas.
www.heliportbrasserie.be

Paris Brest, Rue du Pont 16
Ein Restaurant, das es schon lange gibt und wieder neu entdeckt wird. Es liegt nur wenige Meter vom Marktplatz entfernt, mit klassischer französischer, aber auch Lütticher Küche (hausgemachte Fleischklöße, Tartar, spezielle Menüs). Nebenan im Bistro kann man wunderbar belgische Spezial- und Abteibiere probieren oder auf einen Aperitif oder Absacker einkehren.
www.parisbrest.be

L'Écailler, Rue des Dominicains 26
Ideal mitten in der Fußgängerzone, ganz in der Nähe der Oper gelegen. Ein Hauch von einer typischen Pariser Brasserie, im Stil des frühen 20. Jahrhunderts. Die Kellner in klassischem Schwarz-Weiß servieren in erster Linie Meeresfrüchte und Fischgerichte. Sehr gute Adresse für Hummerliebhaber.
www.lecailler.be

Amon Nanèsse, Rue du Stalon 1
Gehört zum Maison du Pékèt. Ländlicher Charme in kleinen Salons, rustikal, verklinkerte Wände, Laternen, Holzbalkendecken, Marionetten (Nanèsse, die Freundin von Tchantchès, dem berühmten Lütticher Faktotum), urgemütlich. Lüttich wie anno dazumal – einfach eine Rarität. Deftige Lütticher Küche: Eisbein, Kaninchen, Nieren, Steaks und Lütticher Fleischklöße.
www.maisondupeket.be

Ein Lütticher Original: Amon Nanèsse

Le Pain Quotidien – Das tägliche Brot

Den geselligen Augenblick genießen

73

C 3

Der Name „Le Pain Quotidien – Das tägliche Brot“ passt hervorragend zu diesem besonderen Café-Restaurant für Frühstück, Lunch, Brunch, Nachmittagskaffee ... Die Gäste setzen sich an einen gemeinsamen großen Tisch, um in geselliger Runde zu genießen. Gemurmel liegt in der Luft, die Marmeladen und Brotaufstriche machen die Runde – die Zeit läuft ein wenig langsamer. Einfachheit und Tradition sind hier die wichtigsten Werte. Man muss nicht auf einen freien Tisch warten, sondern setzt sich einfach mit an den Haupttisch. Verwendet werden nur vier Basiszutaten beim Brot: auf Stein gemahlenes biologisches Mehl, Meersalz, Wasser und Sauerteig. Die Brote werden handwerklich hergestellt, wie in alter Zeit. Sie werden lecker belegt und so zur sehr beliebten belgischen Alternative zum Sandwich. Als der belgische Gründer der Idee zum Le Pain Quotidien, Alain Coumont, noch klein war, besuchte er jeden Mittwochnachmittag seine Großmutter. Sie erwartete ihn schon mit einer kleinen Schale heißer Schokolade. Alain legte seine Hände um die warme Schale. Er ließ die Wärme in seinen Körper strömen und vertrieb so für sich die Eiseskälte des Winters. Als Chef hat er diese Erinnerung an Warmherzigkeit und Gemütlichkeit ins Pain Quotidien eingebracht. Bis heute erinnern hier Schalen an dieses Kindheitserlebnis, und sie bringen den Gästen immer wieder ein Stück Wärme, mit Kakao oder Kaffee oder Tee. Die gemeinschaftlichen Tische sind das Ausstattungsmerkmal des Le-Pain-Quotidien-Cafés geworden, die es in vielen Ländern gibt. In Lüttich liegt diese Genussadresse in der beliebten und belebten Rue du Mouton Blanc 19 in der Fußgängerzone des, Carré genannten, Shopping-Viertels.

www.lepainquotidien.com/be/fr/locations/Liège/Rue-du-Mouton-Blanc-19

Hier heißt es: Platz nehmen am großen Tisch – eine Selbstverständlichkeit im Le Pain Quotidien. Es gibt natürlich auch kleinere Tische.

Sich zu den Einheimischen gesellen

Lieblingslokale des Autors und vieler Lüttich-Kenner

E 3, C 3, D 2

Café Toussaint, Rue Ernest de Bavière 1, im Viertel Outremeuse
Hier treffen sich die Bewohner von Outremeuse zum Aperitif, zum Feierabendbier, zum Billard, zum Fachsimpeln am Freitag über die Trouvaillen vom direkt vor der Tür stattfindenden großen Flohmarkt. Café mit dem originellen Namen auf Deutsch, „Allerheiligen". Lütticher Charme und schwere Holzkassettendecken, Terrasse vor der Tür.

Café Randaxhe, Chaussée des Prés 61, im Viertel Outremeuse
Das Pendant des Toussaint gegenüber am Place de l'Yser. Große Sonnenterrasse, markante rote Markise, originales Interieur, mehr als 100 Jahre alt. Ein multikultureller Treff der Bewohner des Viertels. Publikum ist immer vorhanden, es herrscht ein Kommen und Gehen. Einfach Lüttich.

Taverne Saint Paul, Rue Saint Paul 8, in der City
Treff der Lütticher, im Schatten der Kathedrale Saint-Paul, enger, gemütlicher Schankraum mit Theke, hohe Sitzbänke über der Heizung, wie anno dazumal, Blick auf die quirlige Rue Saint-Paul, Holzvertäfelung, schwere Balken, Spiegel, Marmor, Leuchter, kleine Holztische: Hier nimmt man gerne Platz und bleibt etwas länger, für einen Plausch beim Bier oder einen Small Talk mit den Lüttichern, ein Ambiente wie aus einer anderen Epoche.

A Pilori, am Marktplatz, vis à vis des Rathauses
Lütticher Schmuckschatulle, uralt, auf engstem Raum wie in einer mittelalterlichen Klause, lokale Spezialitäten, Terrasse Place to be, mit bestem Blick auf Marktplatz, Rathaus und den Palast der Fürstbischöfe an der Place Saint-Lambert.

www.pilori-liege.be

Die Lütticher Kneipe Taverne Saint-Paul

Die schönsten Sitzplätze (1)

Im Klosterhof, am Jachthafen, im Patio, an der Bueren-Treppe ...

75

C 1, C 5, C 3, D 1, E 2

Le Cloître, Cour des Mineurs, im Museum für wallonische Volkskunde

Ein schattiges Plätzchen unter den Kreuzgewölben des Innenhofes des ehemaligen Minoritenklosters. Zugleich Kunst und Zen (manchmal werden zeitgenössische Werke im Innenhof ausgestellt). Ein um die Mittagszeit sehr belebtes Café im Retrostil mit einer Dekoration aus recyceltem Material. In den Nachmittagsstunden kehrt aber eine wunderbare Ruhe ein.

La Capitainerie, Port des Yachts 5

Am Jachthafen, Terrasse am Wasser, Blick auf die Boote und das Monument des Tauchers. So etwas wie eine mediterrane Oase.

La Cantina, Rue Saint-Denis 2

Intimer Patio im Innenhof des italienischen Restaurants mit viel Flair. **www.cantinaliege.be**

Brasserie C, Impasse des Ursulines

Die Brauerei hat ihr neues Domizil an der Impasse des Ursulines, einem der urigsten Gässchen am Hügel der ehemaligen Zitadelle Lüttichs. Sie liegt nur rund fünf Gehminuten vom Place Saint-Lambert entfernt, gleich neben der berühmten Bueren-Treppe. In ein historisches Gebäude integriert, gehört diese Location zu den urigsten und romantischsten der Stadt. Mehrere Terrassenabschnitte, Fachwerk, Steinsäulen, Garten und ein Teich. **brasseriec.com**

Versatile Bistro, Rue de la Goffe 39

Aufgrund der Südlage an der Maas hat diese Terrasse wahrscheinlich die meiste Sonne in der Stadt. Hier ist alles Italienisch, auch die Speisekarte. Direkt am Sonntagsmarkt La Batte gelegen.

Blick auf die Boote

Die schönsten Sitzplätze (2)

Im Park, an der Maas, im Studentenviertel, im Pflanzengarten …

76

H / I 7, B 5, D 3

Madame Boverie, Café im Museum La Boverie
Klasse und Kultur, Terrasse zum Park, unter weißen Sonnenschirmen, Blick auf die Natur und das Maasufer. Idealer Ausklang eines Museumsbesuches oder eines Spaziergangs durch den Park.

La Villa Consulaire, Parc de la Boverie
Auch dieses neue Ausflugslokal liegt sehr schön im Grünen, quasi gegenüber des Museums La Boverie. Brasserie, Flair und französisch-italienische Küche, mit einer der schönsten Terrassen der Stadt, direkt am Wasser der Maas. Blick auf die Brücke La Belle Liégeoise bis hinüber zum Bahnhof Guillemins.

Le Pot au Lait, Rue Soeurs de Hasque 9
Ein Hotspot des studentischen Lebens, für junges Publikum in einem künstlerischen Dekor, auch eine Welt für Nachtschwärmer. Im Sommer trifft man hier Studenten aus aller Herren Länder. Auf der sehr angenehmen Terrasse unter dem Klang des Gezwitschers der herumtollenden Vögel sitzt man nicht selten bis in die frühen Morgenstunden. Sehr schön sind die wunderbaren Fresken von Lütticher Künstlern auf den Mauern sowie die unorthodoxe Dekoration.
www.potaulait.be

Peristyle, Rue Fusch 3
An den Gewächshäusern im Botanischen Garten versteckt gelegen. Hier sitzt man an kleinen Tischen oder lässt sich auf einer Bank mit einem Getränk nieder. Grünes Gartenflair.

Befindet sich nah am Wasser: die Terrasse der Villa Consulaire.

Das beeindruckendste Panorama

Cointe, das Denkmal der Alliierten

77

F 8, G 8

Das oberhalb des Guillemins-Bahnhofs auf dem Hügel von Cointe gelegene Denkmal wurde 1928 auf Beschluss des Internationalen Verbands der Kriegsveteranen errichtet. Von hier oben liegt einem die Stadt quasi zu Füßen. Nach den Kongressen von Paris und Rom beschloss man, dieses internationale Denkmal in Lüttich anzusiedeln, da die Maasmetropole im August 1914 die erste Stadt war, die von den Deutschen angegriffen wurde. Das Memorial von 1937 umfasst mehrere Teile: die Esplanade, mehrere Denkmäler, die Säulen der Salle des Pylônes sowie die Treppe, die Krypta und natürlich den 75 Meter hohen Turm. Eine Führung kann auf Wunsch organisiert werden. Dazu gibt es den schönen Cointe-Park. Vom Turm hat man einen herausragenden Fernblick über Lüttich. Die Öffnungszeiten können variieren. (Infos bei Maison du Tourisme de Liège). Die nebenan stehende Basilika ist auf den ersten Blick bemerkenswert, dennoch ist sie leider aufgrund ihres maroden Zustands geschlossen.

Noch mehr Ausblicke:

Terrasses des Minimes, Hügelhänge der ehemaligen Zitadelle

Park, Rosensträucher, Beete, Bäume, Bänke, Rasen und die mächtige Bruchstein-Begrenzungsmauer des ehemaligen Klosters der Minderbrüder. Wer hier hinauf geht, wird mit Romantik, Ruhe und Abgeschiedenheit belohnt, gekrönt von einer tollen Aussicht. Unterhalb der Terrasse, fast zum Greifen nah, die beiden Renaissance-Karrees des fürstbischöflichen Palastes (siehe Ort 35 [3]).

Aussichtplattform der Zitadelle

Zufahrt hinter dem Klinikum CHR, Boulevard du Troisième Génie, oder zu Fuß über die Bueren-Treppe, die Gasse Au Pèrî Bd. du 2e Lanciers. Die Aussichtsterrasse erstreckt sich über 60 Quadratmeter und steigt gegen den südlichen Teil der Hügel der Zitadelle an. Sie schließt einen Weg ab, der einen der schönsten Panoramaansichten bietet. Eine Treppe führt im Zickzack hinunter zum Weg des Parks Saint-Léonard am Ende der historischen Altstadt.

Der Turm mit 75 Metern Höhe ist nur bei wenigen Gelegenheiten zugänglich. Am 21. Juli, dem belgischen Nationalfeiertag, am Pfingstwochenende und an den Tagen des offenen Denkmals im September.

Wattitude und Wattitude Kids

Lifestyle made in Wallonia

78

C 2, C 3

Guter Geschmack für jeden Geschmack. Wattitude und Wattitude Kids sind zwei Adressen, wo man stundenlang stöbern kann. Extravaganz und Authentizität, dieses Kuriositätenkabinett zeigt eine Fülle wallonischer Talente mit ihren Produkten für Erwachsene und für Kinder: exklusive modische Accessoires, gemischt mit Home-Deko, modernem Kleinmobiliar, leckeren Feinschmeckerartikeln, Büchern, CDs und anderen Überraschungen. Betritt man den Laden, ohne zu wissen, was man sucht, verlässt man ihn am Ende garantiert mit ein paar Schätzen. Wattitude und Wattitude Kids befinden sich in der Rue Souverain-Pont Nr. 7 und 19 – zwei „Lifestyle-Boutiquen" mitten im Zentrum von Lüttich. Mit Unterstützung der Geschäftsleute, der Stadt Lüttich und der wallonischen Region reihen sich in der Rue Souverain-Pont seit Kurzem die schönsten Schaufenster, Ateliers, Boutiquen und Concept Stores junger Kreativer aneinander. Wattitude bietet ausschließlich Produkte an, die in der Wallonie entworfen, erfunden und/oder hergestellt werden. Emmanuelle Wégria ist eine gewiefte Talentjägerin. Sie hat alles Mögliche unternommen, um Künstler, Produzenten und Kreative aufzutreiben und unter einem Dach zu vereinen. Mehr als 250 Stylisten in Sachen Mode- und Accessoires, Designer und Gourmet-Spezialisten, aber auch musikalische Entdeckungen, Bücher und Spielzeug hat sie zusammengebracht. Die Labels sind sorgfältig ausgesucht und die Künstler umweltbewusst unterwegs. Konkret ergibt das einen spritzigen Mix aus verrückten kreativen Markenzeichen und schönen kulturellen sowie dekorativen Produkten. Die Hausherrin sucht immer nach dem gewissen Etwas, um ihr Konzept zu ergänzen. Das ganze Jahr über öffnet Wattitude seine Pforten für kulturelle und kreative Feste und Events. Wattitude Kids befasst sich ausschließlich mit Kindern und mit wallonischen Künstlern, die die Neugier der Kleinen anregen.

www.wattitude.be

Food, Fashion und Design bei Wattitude

Toutes Directions

Die Buchhandlung für alle Richtungen

79

D 2, D 3, E 2

Im historischen Zentrum von Lüttich, in unmittelbarer Nähe des belebten Marktplatzes, gibt es einen Ort, der sich mit Reisen aller Art beschäftigt. Hier finden Einheimische alles Nötige für ihre Reisepläne und für Besucher und Touristen gibt es eine Menge Tipps und Infos über die Region. Die einen entdecken nicht nur *das* Buch oder *den* Reiseführer, um ihre Reise vorzubereiten und zu verwirklichen, es gibt auch Kartenmaterial in Hülle und Fülle, sowohl lokale Karten als auch solche, die zu fernen Zielen führen. Die anderen finden hier Bücher und Führer über Lüttich und die umliegende Region in Französisch, aber auch in zahlreichen anderen Sprachen (Niederländisch, Englisch und natürlich Deutsch). Angeboten werden auch Souvenirs, die unmittelbar mit dem Leben oder der Geschichte der Stadt Lüttich zu tun haben. Sie stammen von Kunsthandwerkern und Künstlern aus der Region. Für alle gibt es Kochbücher mit lokaler Küche und Kochkunst aus aller Welt. Außerdem werden zahlreiche Artikel rund ums Reisen angeboten sowie große Wandkarten, altes didaktisches Kartenmaterial, Weltkarten, exotisches Geschirr … Die Buchhandlung bietet großzügige Räumlichkeiten auf zwei Stockwerken. Man kann hier in Ruhe Kaffee trinken, eine Kleinigkeit essen, beispielsweise Käsekuchen oder eine hausgemachte Suppe, das Ganze in einem einzigartigen Ambiente. Toutes Directions ist in einem Haus aus dem 18. Jahrhundert untergebracht, mitten im historischen Zentrum von Lüttich und gleich neben dem Rathaus. Es gibt einen Salon, Tische, gratis WLAN und zahlreiche Steckdosen, an denen man das Handy aufladen kann.

www.toutesdirections.be

Weitere Buchhandlungen in der City:

Librairie Pax, Place Cockerill 4, **www.librairiepax.be**
Librairie Livre aux Trésors, Place Xavier Neujean 27 A, **www.livreauxtresors.be**
A l'Enseigne du Commissaire Maigret, Bd. de la Constitution 3, Outremeuse

Die anerkannteste Buchhandlung in Lüttich: Librairie Pax

La Grande Poste

Lifestyle im neogotischen Ambiente

D 3

Dieses neogotische Gebäude (erbaut 1896–1901) in der Rue de la Régence 61 verbindet modernste Technik unter Beibehaltung der alten Struktur und der Verwendung der traditionellen Stile. Das Gebäude ist durch einen achteckigen Turm mit einem Spitzdach erhöht. Markant sind die Fassadenfiguren, die die einzelnen Berufsstände darstellen. Das komplett renovierte Gebäude hat 8.000 Quadratmeter Fläche, die für bestimmte Funktionen vermietet werden: unter anderem finden sich hier Bereiche der nahe gelegenen Universität sowie ein öffentlicher Bereich mit einer Gourmethalle und einer echten Brauerei, deren Bier, das Légia, nur hier vor Ort produziert wird. Ebenfalls im Gebäude ist ein Food-Court mit sechs verschiedenen Geschäften mit kulinarischem Angebot untergebracht. Dazu kommt eine Terrasse von 200 Quadratmetern.

Weitere originelle Läden in der Stadt:

La Caféière, Rue Puits-en-Sock 118

Café und Laden. Schrullig, rappelvoll mit Utensilien und Gourmandisen rund um Kaffee und Tee. Wie aus der Zeit gefallen.

Lost in Sound, Rue Hors-Château 58

Ein absolutes Paradies für Plattensammler, egal, ob man Pop, Jazz, Chansons … mag.

www.lostinsound.be

Schmuckladen Chris Alexxa, En Neuvice 22

Handgefertigter Schmuck der Designerin aus dem hauseigenen Atelier. Inspiriert von der Natur.

www.chris-alexxa.com

Les Petits Producteurs, En Neuvice 34

Einer von drei Lebensmittelläden einer Kooperation in Lüttich mit lokalen und Bioprodukten.

www.lespetitsproducteurs.be

Neuer Schmuckkasten mit Lifestyle-Angebot: La Grande Poste

Der Klassiker

Jazz-Club in Erinnerung an Jacques Pelzer

81

Im Ortsteil Thier in Lüttich befindet sich in einer ehemaligen Apotheke der Jacques Pelzer Jazz Club (Boulevard Ernest Solvay Nr. 493). Der Club wurde im April 2005 von einigen Jazzenthusiasten gegründet. Er befindet sich in der ehemaligen Apotheke von Jacques Pelzer, der zugleich Apotheker und einer der bekanntesten Jazzmusiker Belgiens war. Er spielte Altsaxofon nicht nur mit den besten Jazzmusikern Belgiens, sondern auch mit amerikanischen Jazzern wie zum Beispiel Chet Baker, Stan Getz, Elvin Jones und Dexter Gordon. Mit dabei bei der Gründung des Vereins, der diesen Jazzclub betreibt, war auch die Tochter von Jacques Pelzer, die selbst Jazz-Schlagzeugerin war (Sie ist vor einigen Jahren verstorben). Der Jazzclub finanziert sich über das angeschlossene Restaurant. Jeden Mittwoch ist das Restaurant ab 19.00 Uhr geöffnet. Das Konzert der jeweiligen Jazzgruppe beginnt ab 21.00 Uhr. Für das Restaurant ist eine telefonische Reservierung notwendig, da es nur über circa 30 Plätze verfügt. Zum Konzert um 21.00 Uhr kann man auch ohne Reservierung kommen. Es gibt immer noch einen Platz. Das Gebäude des Jazzclubs umfasste nicht nur die Apotheke, sondern auch das Wohnhaus von Jacques Pelzer, worauf eine Gedenktafel am Haus hinweist. Im Sommer kann man nach einem Konzert und in der Pause im Garten sein Bier trinken. Die Atmosphäre im Club ist typisch wallonisch: Die Leute sind sehr lebhaft und man kommt schnell miteinander ins Gespräch. Sogar aus Holland und Deutschland kommen einige Jazzfans angereist. Jacques Pelzer, der von 1924 bis 1994 lebte, würde sich sicher freuen, dass sein Haus in seinem Sinne ein wahrer Hafen des Jazz geblieben ist. Sehr empfehlenswert.

Jazz live ist in Lüttich Kult.

Can Can, Cabaret und Cocktails

Lüttich bei Nacht

82

C 3, D 2, E 2

Trocadero, Rue Lulay-des-Febvres 6A
In einer Nebengasse der Passage Lemonnier. Mehr Paris geht in Lüttich nicht. Ein typisches Cabaret leichter Unterhaltung mit Revue, Musik, Tanz, Sketchen, Satire. Klassische Fassade mit einer Metallkonstruktion von Gustave Eiffel. **www.troca.be**

Brutàl, Rue de la Bonne Fortune 17
In-Bar in der Gasse hinter der Kathedrale Saint-Paul. Vielleicht die coolste Location für einen Cocktail in der Stadt nebst Tapas. Außergewöhnlich schöne Deko mit Holzverkleidungen in Blau- und Grüntönen sowie Gemälden und Stuckarbeiten. Lateinamerikanisch angehauchtes Ambiente. **www.brutal-liege.be**

Les Olivettes, Rue Pied du Pont des Arches 6
Legendäres Café-Chantant, Karaokebar, nach einer kompletten Renovierung ist die Patina zwar weg, dennoch hat es nichts von seiner Originalität und seinem Lütticher Charme verloren. Es ist und bleibt eine Rarität. Brasserie-Restaurant. **www.auxolivettes.be**

Caserne Fonck, Rue Ransonnet 2
Die ehemalige Reithalle der Kaserne dient heute als Theater, Tanzsaal, Location für Konzerte oder Technopartys. Sie wird Le Manège genannt. Saal mit einer beeindruckenden Höhe und coolen Backsteinwänden.

Le Forum, Rue Pont d'Avroy 12–14
Das künstlerische Leben in Lüttich ist eng verbunden mit der Geschichte des Forums, der Music Hall. Paris hat sein Olympia, Lüttich sein Forum. Beliebt beim Publikum ebenso wie bei den Größen aus Musik und Showbusiness, die sich hier immer schon ein Stelldichein gaben: Jacques Brel, Louis Armstrong, Ray Charles, Miles Davis, Ella Fitzgerald, Barbara, Edith Piaf, Charles Aznavour, Patricia Kaas und viele weitere. Aber auch Theater- und Filmstars sind hier zu Gast wie Jean-Louis Trintignant, Daniel Auteuil, Pierre Richard, Roland Giraud, Gérard Darmon, Robert Hossein, Michel Sardou … Auch heute treten hier internationale Interpreten auf in Shows, Varietés, Tanz und Ballett, Comedy etc. **www.leforum.be/agenda.html**

Roter Samt für die Revue im Trocadéro

Kinos

83

C 3, C 2

Lüttich ist nicht zuletzt durch die hier aufgewachsenen Brüder Jean-Pierre und Luc Dardenne eine kinoaffine Stadt. Beide zählen zu den Top-Regisseuren in Europa und zu den wenigen, die gleich mehrfach bei den Filmfestspielen in Cannes ausgezeichnet wurden.

Kino Churchill, Rue du Mouton Blanc 20

Der Saal im Untergeschoss, der zuvor die Brasserie des ehemaligen Forums beherbergte, wurde 1947 zum Kino umgebaut und Churchill genannt. Bemerkenswert ist die Fassade mit ihrem Buntglasfenster und den einzementierten Blumenmotiven. Das Ganze ist ein weiteres schönes Beispiel für eine Architektur im Art-déco-Stil. Mit seinen drei Sälen mittlerer Größe ist es das intimistischste und cineastischste Kino in Lüttich. Hier wird hauptsächlich Autorenkino gezeigt.

Kino Sauvenière, Place Xavier Neujean 12

Das markante zeitgenössische Gebäude verfügt über vier Kinosäle, eine Brasserie und mehrere Ausstellungsbereiche. Seit seiner Erbauung 2008 hat es bereits vier Architekturpreise erhalten, darunter im Jahr 2009 den Städtebaupreis der Stadt Lüttich (Prix de l'Urbanisme de la Ville de Liège) und den belgischen Architekturpreis. Es steht außerdem auf der Liste der 40 auffälligsten Gebäude belgischer Architektur im 21. Jahrhundert. Das Kino bietet ein vielfältiges Programm und zahlreiche Filme in Originalfassung, auch Klassiker.

Genusstipp: Brasserie Sauvenière, modern gestylt, mit großer Terrasse im Innenhof (hier werden im Sommer auch Konzerte, Filme etc. veranstaltet).

www.grignoux.be

Nostalgie im Kino Churchill

Magische Lichternacht im Oktober

84

D 1

20.000 Kerzen, 60 Monumente und 374 Stufen

Die Melodie und das Ambiente des Mittelalters muss man erlebt haben. Jeden 1. Samstag im Oktober findet es statt – das Lichterfest an den Hängen des Zitadellenhügels. Gleich um die Ecke des fürstbischöflichen Palastes und des Place Saint-Lambert, auf und unterhalb des Hügels zur ehemaligen Zitadelle (heute Krankenhaus), der die historische Altstadt mit ihren Quartiers und prächtigen Bauwerken wie dem Grand-Curtius-Museum und der Saint-Barthélemy-Stiftskirche überragt. In den Straßen, auf den Höfen, auf Treppen und Terrassen, in Gassen und Hohlwegen, auf Wiesen und in Obstgärten spielt sich ein wallonisches Theater voller warmherziger Lebensfreude ab. An vielen Orten, die sonst nicht zugänglich sind, wird tüchtig gefeiert, hier schlägt dann der Puls der Stadt. Märchenhafte Beleuchtung auf den verschiedenen Spazierwegen hinauf zur Zitadelle, eng, gespenstig, animierend, im Flackern von rund 20.000 Kerzen. Lichtspiele aus verschiedenen Quellen verzaubern Waldstücke, Gärten, Grünflächen, Fassaden und Gebäude. Musik, Straßentheater und stimmungsvoller Reigen erfüllen diese Oktobernacht in Lüttich. Die Hügelhänge der Zitadelle und das historische Herz beherbergen 60 Monumente und fünf unter Denkmalschutz stehende Stadt- und Naturbereiche, Zeugnisse der Landschaft des alten Lüttich, von der 28 Hektar Grünfläche hier erhalten geblieben sind. Mittendrin werden die 374 Stufen der Bueren-Treppe wie in einer nachttrunkenen, orientalischen Tempelanlage erleuchtet. Lichtergirlanden und Scheinwerfer tauchen den wunderschönen Place Saint-Barthélemy in eine verwunschene Szenerie, lassen die Pracht der nächtlichen Stadt erstrahlen. Man kann Lüttich auf spektakuläre Weise von hoch oben betrachten, die traumhaften Kulissen der Dächer und Monumente, die Maas und die festlichen Lichteffekte.

www.lanocturnedescoteaux.eu

Der Cour Saint-Antoine während der Lichternacht

Weihnachtliches Lüttich

Ein Fest für die Sinne

85

D 2

Am Place Saint-Lambert vor dem fürstbischöflichen Palast, dem Espace Tivoli und dem Place du Marché vor dem Rathaus erstreckt sich Lüttichs Weihnachtsdorf, das in rund 200 Holzchalets eine kunterbunte Palette an weihnachtlichen Geschenkideen und kulinarischen Leckerbissen bereithält. Überall duftet es nach Köstlichkeiten. Entlang der Budengassen entfaltet sich eine Galerie der Genüsse besonders auf Basis regionaler Spezialitäten: mehrere Champagner-, Sekt- und Weinbars, Austern- und Lachsstände, Entenprodukte, Pilzgerichte aus heimischen Wäldern, Schinken- und Wurstwaren, Schinkenkeulenbraten aus der Normandie, belgische Edelschokolade und mit solcher gefüllte Waffelspezialitäten, wallonisches Feingebäck und Süßwaren, Käsespezialitäten, Olivenöle, eine Trappistenbierhütte, Abteibierstände, Lütticher Genever (Pékèt), echte belgische Pommes … Den schönsten Blick auf den Markt vor der majestätischen Kulisse des Palastes und des Rathauses bekommt man vom Riesenrad aus, das mitten auf dem Markt steht. Handwerkliche Produkte, auch aus Frankreich, Dekorationsartikel und Weihnachtsschmuck werden ebenfalls in einer großen Vielseitigkeit hauptsächlich in Ständen vor der majestätischen Fassade an der Galerie Saint-Lambert präsentiert. Wie bei einem richtigen Dorf ist das echte Weihnachtsdorf eine kleine Heimat, in der das fröhliche Geplauder seiner Einwohner (die Aussteller) mit dem Zauber der Auslagen seiner Holzhütten wetteifert. Für das folkloristische Programm des Weihnachtsdorfes sind entsprechend ein Mayeur (der Bürgermeister), stellvertretende Bürgermeister (die Schöffen) und Ratsmitglieder verantwortlich. Auch der Aufbau entspricht mit seinen Straßen, Gässchen und Plätzen, einem Rathaus, einer Kirche, einem Postamt und einer Rodelbahn einem echten Dorf. Chöre, Musikgruppen, Folkloretanzgruppen, Ballonkünstler und viele mehr treten auf der Bühne des Dorfes auf.

www.villagedenoel.be

Der Lütticher Weihnachtsmarkt gilt als einer der schönsten im Dreiländereck.

Eine Strecke voller Mythos

86

Das Radrennen Lüttich–Bastogne–Lüttich

B 2, C 2

Einer hinter dem anderen, mancher allein, manche in Gruppen, ziehen, mit dem Rad schlingernd vor Anstrengung, prustend, schwitzend, die Zähne zusammenbeißend, auf den Pedalen stehend, bei jeder Witterung diesen steilen Berg hinauf. Zwei Kilometer Anstieg, phänomenal, nicht nur die Atmosphäre unter den radsportverrückten Belgiern, die den Berg mehr und mehr in Beschlag nehmen – nah, hautnah kommt der Tross gleich hier vorbei. Ein Blick zurück ins weite Tal, über die Abtei Richtung Hauptstraße, dort beginnt der lange Weg nach oben. Hier hilft vielleicht für den nächsten Anstieg der verstohlene Blick auf die glitzernde Plakette eines Denkmals, das bereits zu Lebzeiten einen großen Sieger an diesem Berg ehrt – Eddy Merckx – fünf Mal gewann er eines der bedeutendsten Profiradrennen der Welt, Lüttich–Bastogne–Lüttich. Es wird „La Doyenne“ genannt, weil es das älteste noch ausgetragene seiner Art auf der Welt ist. Es zählt zu den fünf Monumenten im Radsportkalender in Europa und gehört zu den Klassikern, die in den Ardennen Belgiens gefahren werden, wie übrigens auch der Flèche Wallonne, der Wallonische Pfeil. 2020 gibt es die 106. Auflage dieses Radsportmonuments auf einer Strecke voller Mythos. Bei diesem Rennen sind die sogenannten Puncheure gefragt, mit ihren Stärken im hügeligen Gelände und als Sprinter, um nach 256 Kilometern als Sieger triumphieren zu können. Die größten Schwierigkeitsgrade konzentrieren sich auf der zweiten Hälfte der Strecke, mit neun Anstiegen auf den letzten 100 Kilometern. Wanne – Stockeu – Côte de la Redoute – Côte des Forges und der Côte de la Roche-aux-Faucons. Insgesamt sind auf der Renndistanz 4.000 Höhenmeter zu überwinden. Für Fahrer wie Zuschauer gibt es bei diesen Anstiegen Tour-de-France-Feeling. Ebenso wie bei der Ankunft in Lüttichs City auf dem Boulevard d'Avroy. Die wunderschönen Ardennenlandschaften eignen sich hervorragend auch für Hobbyfahrer. Probieren Sie es aus, zum Beispiel bei den Jedermann-Challenges dieses Klassikers.

www.liege-bastogne-liege.be

Das Radrennen Lüttich–Bastogne–Lüttich verläuft quer durch die Ardennen – hier am Château de Harzé.

Lüttich – die Event-Stadt

Die wichtigsten Veranstaltungen

87

La Batte, der große Wochenmarkt

Kilometerlang an der Maas am Altstadtufer. Jeden Sonntag.

Lichterfest, am 1. Wochenende im Oktober

Auf den in feenhaftes Licht getauchten Hängen der Zitadelle folgt der Besucher einem ausgewiesenen Rundweg vorbei an zahlreichen Musik-, Theater- und anderen Darbietungen.
www.lanocturnedescoteaux.eu

Weihnachten in Lüttich

Das Lütticher Weihnachtsdorf ist nicht nur das größte seiner Art in Belgien, sondern auch das älteste. **www.villagedenoel.be**

Mithra Jazzfestival

In verschiedenen Sälen der Stadt, u. a. Forum, Trocadéro, Cité Miroir.
www.jazzaliege.be

Summer Beer Lovers' Festival

Espace Tivoli vor dem Palast. Drei Tage lang ist Lüttich die Hauptstadt des wallonischen Bieres. Zwanzig Brauereien präsentieren bei diesem Event ihr Know-how. **www.summerbeerloversfestival.be**

Beer Lovers' Marathon

Dieser Lauf ist vor allem gesellig, festlich und für jeden motivierten Sportler offen. Es sind nicht weniger als 15 Anlaufstellen vorgesehen, an welchen den Läufern die Möglichkeit gegeben wird, 15 belgische Biere zu testen (insofern sie dies wünschen selbstverständlich).
www.beerlovermarathon.be

Les Epicuriales

Das größte Restaurant unter freiem Himmel im Parc de la Boverie. Schlemmen in der eleganten Zeltstadt inmitten der Natur. Animationen, Kochshows, Restaurants und Picknick.
www.epicuriales.be/de

BIP – Internationale Biennale der Fotografie und der visuellen Kunst

Findet immer in den geraden Jahren (2020, 2022 …) statt.
www.bip-liege.org

42 verrückte Kilometer beim Biermarathon

Reciprocity Design Lüttich
Die Lütticher-Design-Triennale bietet Ausstellungen und Veranstaltungen an verschiedenen Orten (Museen, Galerien ...) an.
www.designliege.be

Die Tage des offenen Denkmals
In zahlreichen Bauwerken, die normalerweise der Öffentlichkeit nicht zugänglich sind, werden kostenlose Führungen und Animationen angeboten. Sehr empfehlenswert. 2. September-Wochenende
www.journeesdupatrimoine.be

Wie man sich bettet … in Lüttich (1)

Zwei Van-der-Valk-Hotels

88

C 2

Van der Valk Sélys Liège

Ein Haus, das modernste Hotellerie der Luxusklasse mit geschichtsträchtiger Architektur in Einklang bringt. Integriert in den Hotelkomplex sind zwei Lütticher Stadtpalais: das Hôtel des Comtes de Méan und das Hôtel de Sélys-Longchamps, das als außergewöhnliches Kulturerbe der Wallonie klassifiziert ist. Der Eingang befindet sich auf dem Mont Saint-Martin im ehemaligen Hôtel des Comtes de Barbenson, später de Méan, ein imposanter Bau in U-Form mit wuchtiger neoklassischer Fassade aus Back- und Kalkstein mit markanten hohen Fenstern. Auf der Hinterseite ist die Renaissancefassade (1620) über drei Etagen ein Blickfang. Im Erdgeschoss bilden 14 Arkadenbögen mit Säulen aus Maaskalkstein den Übergang zum glasverkleideten, modern-stylischen Anbau mit Lobby, Bar und Brasserie. Wie ein Laufsteg ragt die große Hauptterrasse am hinteren Ende der lichtdurchfluteten Brasserie vor die Silhouette der Stadt. Modern-mediterran, abends mit farbigen Leuchteffekten ausstaffiert, bildet sie ein Tête-à-Tête über den 1.000 Quadratmeter großen Innenhofgarten hinweg mit der Balkonterrasse vor der Fassade des Hôtel de Sélys-Longchamp. In diesem wunderschönen Gebäude im gotischen Stil sind die Suiten untergebracht und das Juwel des Hotels: der 285 Quadratmeter große Ballsaal. Insgesamt verfügt das Hotel über 125 Komfortdoppelzimmer mit bester Ausstattung sowie acht Suiten. Im Souterrain steht ein 1.300 Quadratmeter großer Spa-Bereich zur Verfügung. Die atmosphärische Bar La Cave im Gewölbekeller lädt Hotelgäste wie auch andere Besucher zu stilvollem Treff und Schlummertrunk ein. Brasserie-Restaurant L'Atelier de Sélys.

www.hotelselys.be

Ungewöhnliche Architektur im Sélys

Van der Valk Congrès Hotel Liège

Das Van-der-Valk-Kongresshotel Lüttich liegt direkt an der Maas, idealerweise nur wenige Gehminuten vom Museum La Boverie auf der gleichnamigen Maasinsel und vom Bahnhof Guillemins entfernt. Das Vier-Sterne-Hotel mit 219 Zimmern verfügt neben seiner hervorragenden Lage über einen wunderschönen Blick auf die Maas und das Viertel um den neuen Bahnhof – ein tolles Panorama, vor allem von der Sky Bar auf der 10. Etage aus. Lobby, Bar, Brasserie und zwei Restaurants sowie Terrasse.

www.congreshotelliege.be

Wie man sich bettet … in Lüttich (2)

Klassisch, trendy und günstig gelegen

89

G 8, H 8

Pentahotel Lüttich
Chic und Charme in bester Citylage, in der Nähe von Oper, Palast und Shopping-Carré. Das Vier-Sterne-Haus bietet 105 modern ausgestattete komfortable Zimmer. Cooles Design, im Mittelpunkt die Penta-Lounge des Stararchitekten Matteo Thun.
www.pentahotels.com/de/hotels/liege

Ramada Plaza
Das Vier-Sterne-Hotel ist in die Gebäude eines umgebauten Klosters aus dem 17. Jahrhundert integriert. Es hat eine günstige Lage zur Altstadt Lüttichs, am Ufer der Maas. First-Class-Service in 149 Zimmern.
https://fr.ramadaplaza-liege.com

Kleine Hotels mitten in der Stadt:

Hors-Château
Kleines Drei-Sterne-Hotel in der Altstadt, idealer Startpunkt für die Entdeckung des historischen Viertels.

Amosa
Ruhig gelegenes City-Hotel mit 29 Zimmern nahe Place Saint-Lambert. Zum Komplex gehört auch ein Apartment-Hotel mit 18 luxuriösen Apartements. Originelles argentinisches Grillrestaurant.
https://amosaliege.be

Hotel Neuvice
Originelles Hotel in historischem Gebäude mit zehn Zimmern.
www.hotelneuvice.be (siehe auch Ort 31)

Im neu gestalteten Viertel am TGV-Bahnhof Lüttich-Guillemins:

Hotel de la Couronne
Das Charming-Design des 3-Sterne-Hauses ist ein Winner.
www.hoteldelacouronne.be

Univers Hotel
Das Lütticher Univers Hotel der 3-Sterne-Kategorie befindet sich gleich gegenüber dem Hauptbahnhof Lüttich-Guillemins. Brasserie im Haus.
www.hotelunivers.be

Patio mit Galerie im Hotel Neuvice

Hotel ibis Styles Liège Guillemins
Nagelneues 100 Zimmer Design-Hotel. Hotel und Zimmer sind originell mit Comics gestaltet. Ein weiteres Ibis Hotel liegt direkt an der Oper. **https://all.accor.com/de/city/hotels-luttich-v2293.shtml**

Wie man sich bettet … in Lüttich (3)

B&Bs und die Jugendherberge

90

E 1, B 5, E 3

N°5 – Bed & Breakfast

Das Gästehaus N°5 – Bed & Breakfast befindet sich in einer einzigartigen Lage. Der Empfangsbereich, der Salon und der Frühstücksraum liegen am Place Saint-Barthélemy in einem wunderschönen Haus aus dem 19. Jahrhundert. Einer der ältesten Bauten der Rue Hors-Château beherbergt fünf geschmackvoll eingerichtete Zimmer in einem herzlichen Ambiente. Die beiden Gebäude sind durch einen frisch renovierten Innenhof verbunden, ein echter Ruhepol im Herzen der lebhaften Stadt.

www.n5bednbreakfast.be

Red & Breakfast

Gästezimmer und Stadtgästehaus. In der Nähe des Botanischen Gartens und des Bahnhofs Guillemins. Ein Gebäude aus dem 19. Jahrhundert, Wellnessbereich und Terrassen. Personalisierte Dekoration in den Zimmern, aus verschiedenen Epochen.

https://redandbreakfast.be

Jugendherberge Georges Simenon

Die Jugendherberge von Lüttich liegt etwa 20 Gehminuten vom Stadtzentrum entfernt, an einem idealen Ort, um die Feierstimmung in der Stadt zu genießen. Die Jugendherberge steht im lebendigen Viertel Outremeuse, in dem der berühmte Schriftsteller Georges Simenon seine Jugend verbrachte. Das Hauptgebäude ist in ein ehemaliges Rekollekten-Kloster integriert und wurde 2019 komplett renoviert. Der Franziskanerorden besteht bereits seit dem 15. Jahrhundert in Lüttich und hat bis in unsere Tage hinein Spuren hinterlassen. Die sind auch in diesem Gebäude zu sehen. Es verfügt über einen Kreuzgang aus dem 17. Jahrhundert und einen Anbau, der einer zurückgenommenen und ökologischen Architektur folgt. 349 Betten in Zimmern für 4, 5, 7 oder 8 Personen, Bar, Versammlungsräume, Innenhof, Informationsecke mit kostenlosem WLAN, Restaurant, in dem lokale und traditionelle Gerichte serviert werden, insbesondere ein Frühstück im Sinne der Nachhaltigkeit mit frischen Lokalprodukten.

www.lesaubergesdejeunesse.be/liege

B&B No. 5 am Place Saint-Barthélemy

Eine Buslinie nach Bayern

Lüttich und die Wittelsbacher

91

C 2

Das Fürstbistum Lüttich war einst Staat des Heiligen Römischen Reiches Deutscher Nation, mit Hauptstadt Lüttich. Es entstand 985. Mehrere Prinzen von Bayern (französisch: de Bavière) waren ab dem 11. Jahrhundert zugleich Fürstbischöfe von Lüttich. Der bedeutendste war Ernest de Bavière (Ernst von Bayern) aus dem Hause der Wittelsbacher, geboren am 17. Dezember 1554 in München und gestorben am 17. Februar 1612 in Arnsberg. Ein Mann der Religion und der Politik. Von 1581 bis 1612 war er Fürstbischof von Lüttich. Er gründete hier die ersten Stifte, förderte die Entwicklung des Kohleabbaus und die Errichtung von Metall verarbeitenden Fabriken. Ihm werden wichtige Erlasse bezüglich der „Arèines" in Lüttich zugeschrieben. Das sind Entwässerungskanäle für Stollen, die auch beim Kohleabbau von Bedeutung waren, sie dienten der Trinkwasserversorgung. (Einer davon ist im Kellergeschoss des Museums für wallonische Volkskunde zu sehen.) 1584 erwarb Ernest de Bavière heimlich eine großzügige Immobilie in Outremeuse, das Hôtel Porquin. 1603 schenkte er dieses Haus der Compagnie de la Miséricorde, damit sie dort ein Krankenhaus errichtete, das über vier Jahrhunderte hinweg diesen Namen trug: l'Hôpital de Bavière (Das Krankenhaus Bayerns). Noch heute fährt hierhin die Lütticher Buslinie „Bavière". (Das Gebäude wurde leider abgerissen und die Stätte erhielt eine neue Bestimmung.) Im Nordflügel des fürstbischöflichen Palastes sind sein Wappen und Chronogramm erhalten: o DVX reXqVe e erneste LabantIa baVare fIrmas (1587). Weiterhin regierten in Lüttich: Ferdinand von Bayern (1612–1650), Maximilian Heinrich von Bayern (1650–1688), Joseph Clemens Kajetan von Bayern, 93. Fürstbischof, und Johann Theodor von Bayern, 95. Fürstbischof (1744–1763). Mehrere Gebäude in Lüttich tragen noch heute das Wappen der Prinzen von Bayern (beispielweise das Rathaus und die Kirche der Redemptoristen an der Rue Hors-Château).

Gleich mehrere Wittelsbacher regierten hintereinander als Fürstbischöfe im Lütticher Palast.

Der Weg (1)

Per Bahn nach Lüttich

92

G 8, H 8

Wer mit dem Zug anreist, kann idealerweise gleich vom Bahnhof Guillemins aus in rund 15 Minuten mit dem Anschluss-Regionalzug zum Bahnhof Liège Saint-Lambert (unterirdisch an der Rue Fond Saint-Servais zwischen Place Saint-Lambert und Publémont) mitten in die Lütticher City oder mit den Buslinien vom Bahnhof Guillemins (Linie 1 und 4 Place Saint-Lambert) weiterfahren. Kostenlose Fahrradabstellplätze befinden sich unterhalb der Gleise. Zugang über den Place des Guillemins, rechts vom Bahnhofsvorplatz. Es gibt Sondertarife bei der Bahn für Senioren ab 65 Jahren innerhalb Belgiens. Auf das Wochenendticket für Hin- und Rückfahrt gibt es bis zu 50 Prozent Rabatt. Bis zu vier Kinder unter zwölf Jahren in Begleitung eines zahlenden Fahrgasts fahren kostenlos. Für Reisende unter 26 Jahren lohnt sich der „Go Pass 1“: die Hin- und Rückfahrt innerhalb Belgiens. Noch günstiger ist eine Zehnerkarte für ein und dieselbe Strecke. Ideal ist deshalb die Anreise von einem belgischen Grenzbahnhof aus, etwa Eupen oder Welkenraedt. **www.belgiantrain.be/de**

Bahn (aus Deutschland)

Thalys, mehrmals täglich von deutschen Großstädten aus nach Brüssel, mit Halt in Lüttich. Von Düsseldorf, Duisburg, Essen, Dortmund, Köln und Aachen.

ICE, von Köln 7-mal täglich (knapp 2 Stunden Fahrtzeit)

ICE, von Frankfurt 8-mal täglich (knapp 3 Stunden Fahrtzeit)

www.thalys.com | www.bahn.de

Rund um den Bahnhof Liège-Guillemins stehen zahlreiche Park- und Haltemöglichkeiten zur Verfügung. Gebührenpflichtige Tiefgaragenstellplätze gibt es im Bahnhof selbst, erreichbar über die Avenue de l'Observatoire: 850 Parkplätze mit Kameraüberwachung rund um die Uhr. Täglich durchgehend geöffnet. Gebührenpflichtiger Parkplatz (nicht überdacht) in Bahnhofsnähe an der Ecke Rue de Bovy und Rue Sclessin: 110 Parkplätze mit Kameraüberwachung rund um die Uhr, täglich durchgehend geöffnet. „Kiss & Ride“-Zone an der Rückseite des Bahnhofs über die Avenue de l'Observatoire (nur um jemanden kurz abzusetzen, Parken ist hier verboten).

Einfahrt in den Bahnhof Guillemins: ein Highlight in Lüttich

Der Weg (2)

Per Pkw nach Lüttich

93

E 2/3, D 3

Die Anfahrt erfolgt über die Autobahn E 40 Aachen-Lüttich. Abfahrt Liège. Über den Zubringer von der Autobahn in Lüttich an der Maas vorbei über die 1. Brücke Pont Atlas und dann links über den Quai Saint-Léonard Richtung Altstadt folgen bis in die Parkhäuser Cité (Quai de la Goffe) oder Saint-Georges (Quai de la Batte) direkt an der Maas und unmittelbar an der Altstadt (Rue En Féronstrée).
Oder alternativ über die 2. Brücke Pont Biais über den Maaskanal, dann rechter Hand in den Boulevard de la Constitution abbiegen, den Boulevard entlang, an der Kirche Saint-Pholien rechts in die Rue Saint-Pholien abbiegen und dem Verlauf über die Maasbrücke Pont des Arches folgen bis zum Place Saint-Lambert (unterirdisches Parkhaus und weitere in der nahen Umgebung, Opéra, Saint-Denis). Bis 2022 sind allerdings Verkehrsbehinderungen durch den Bau der Straßenbahn gegeben. Man kann den Wagen auch in Outremeuse (Saint-Pholien, Boulevard de l'Est) parken und über die Fußgängerbrücke Passerelle Saucy in die City gehen. In Lüttich nennt man das aufgrund der Bauform der Brücke „Skywalk über die Maas". Man erreicht schnell die Lütticher City. Vorbei am Prachtbau La Grande Poste (siehe Ort 80) über die Rue de la Régence und Nebenstraßen bis zur Kathedrale und dem Carré gibt es viele tolle Läden zu entdecken, jung, modern und hipp. Denn wir durchstreifen ja einen Teil des Univiertels.

In-Café am Place de l'Yser in Outremeuse, perfekter Ausgangspunkt für einen Spaziergang über die Maasbrücke in die Stadt

Das Val Saint-Lambert

Cristal Discovery

94

Die Kristallkunstarbeiten in der Manufaktur des Val Saint-Lambert, die noch heute Weltruhm genießen, werden nach wie vor in Seraing gefertigt. 1.000 Jahre Geschichte können hier nachverfolgt werden. Wir stehen auf dem Platz vor dem Schloss Val Saint-Lambert, das früher Teil einer Zisterzienserabtei aus dem 13. Jahrhundert war und offiziell im Jahre 1756 vom Abt de Harlez eröffnet wurde. Im restaurierten Schlossflügel gibt es einen audiovisuellen Rundgang auf zwei Etagen zum Thema Glas und der Geschichte der Manufaktur (Filmvorführung) mit vielen sehenswerten Exponaten, wie zum Beispiel einer Glasorgel. Das Schlossgebäude im maasländischen Stil ist der krasse Gegensatz zu den grauen Fabrikhallen, in denen das Kristall hergestellt wird. 1825 kaufte ein Glasfabrikant aus dem französischen Vonêche das Val Saint-Lambert, um hier eine zusätzliche Kristallmanufaktur einzurichten. Diese wurde ab 1826 sehr erfolgreich und avancierte zur größten ihrer Art in der Welt, mit einer Tagesproduktion von 100.000 Exemplaren und 5.000 Mitarbeitern. Wie die Glasbläser und -schleifer arbeiten, das ist das Besondere an Val Saint-Lambert. Im Atelier du Val ist die Glasbläserkunst live zu erleben. Die Kristallherstellung ist ein komplexer Vorgang, der den Besuchern bei Führungen durch den Guide erläutert wird. Besucher sollten auf jeden Fall das Kristallmuseum besuchen und einen Blick in die Galerie werfen, die 250 Stücke aus der Sammlung des Val Saint-Lambert und damit die gesamte künstlerische Entwicklung seit der Gründung der Manufaktur vorweisen kann.

www.cristaldiscovery.be

www.val-saint-lambert.com

www.christophegenard.be

Das Museum Cristal Discovery

Von Tancrémont nach Banneux

95

Backen und beten

Tancrémont, vor den Toren Lüttichs, ist ein Zentrum leckeren Geschehens. Protagonisten: die Backstube Péché Mignon mit dem treffenden Namen „Kleine Sünde“ und die Bäckerei/das Café Au Vieux Tancrémont mit eine der schönsten Aussichtsterrasse. Neben dem berühmten belgischen Reisfladen (Tarte au Riz) gibt es hier famose Stücke Kuchen (am Tisch serviert je 1/8 Torte groß) zum Beispiel mit köstlichem Obst, ob Pflaumen, Aprikosen, Rhabarber, Kirschen, Himbeeren oder Äpfel. Quasi gratis dazu gibt es einen fantastischen Ausblick von der Höhe auf die sanften Hügelketten der Ardennen, der eindrucksvoll die Schönheit dieser Landschaft vermittelt. In Tancrémont, am Rande der Verbindungsstraße Pépinster-Banneux Notre-Dame, steht eine kleine unscheinbare Kapelle, die ein bemerkenswertes Kreuz beherbergt. Dieses Kreuz ist in der Region als Vieux Bon Dieu bekannt. Die Kapelle von Tancrémont wurde 1895 errichtet und ist diesem Kreuz gewidmet. Das Kreuz ist aus Eichenholz und 2,04 Meter hoch sowie 1,80 Meter breit. Die Christusskulptur selbst misst 1,50 Meter Höhe und 1,40 Meter Breite. Sie entstand aus Lindenholz und datiert aus der Zeit zwischen 810 und 965. Die künstlerische Erhabenheit der Darstellung ist außergewöhnlich.

Das nur wenige Minuten von Tancrémont entfernt gelegene Banneux ist ein viel besuchter Wallfahrtsort. Der Ort besitzt eine Heilquelle und ist über die Grenzen hinaus bekannt. Der zwölfjährigen Mariette Beco soll die Jungfrau Maria im Frühjahr 1933 insgesamt acht Mal begegnet sein. 1937 entstand dann der große Vorplatz, die Esplanade, die noch heute die Gläubigen empfängt. Banneux ist durch Schlichtheit, Ruhe, Stille und Besinnung geprägt. Wer einmal innehalten möchte, kann eine der vielen Kapellen besuchen oder den Kreuzweg im angrenzenden Park. In diesem Wallfahrtsort stehen unzählige Gebetsstätten aus der ganzen Welt, an denen Pilger ihre Gebete sprechen und Kerzen anzünden. 1985 besuchte Papst Johannes Paul II. den Ort.

auvieuxtancremont.com

www.tancremont.be

Gebetsstätte in Banneux

Blegny-Mine

Wie ein Kumpel unter Tage

96

Blaumann, gelber Helm, Bergmannstuch, Lampe, das verschmitzte Lächeln und die kameradschaftliche Art sind die Erkennungszeichen der Grubenführer. Sie sind die Protagonisten in der touristischen Domaine de Blegny. Ihre Passion sowohl für den ehemaligen Beruf als auch für die heutige Tätigkeit und ihr Humor sind geradezu ansteckend. Die Geschichten und Anekdoten aus dem rauhen, aber auch herzlichen Alltag der Bergleute machen die Besichtigung zum hautnahen, authentischen Erlebnis. Blegny-Mine ist eine von vier ehemaligen, bedeutenden Bergbaustätten in der Wallonie, die als Weltkulturerbe der UNESCO anerkannt sind. Die alte Mine liegt nur rund 20 Minuten von Aachen entfernt. Schutzweste festzurren, Sicherheitshelm aufsetzen und schon geht es mit dem Förderkorb hinunter auf 30 bis 60 Meter in die Erde. Dort unten erleben Besucher hautnah die harte Arbeit und das tägliche Leben der „Gueules Noires", der „Kohle verschmierten Gesichter", wie die Bergmänner bezeichnet wurden. Das besondere an Blegny ist die Fahrt unter Tage. Dort schmeißen die Ex-Bergmänner auch mal einen alten, originalen Riesenbohrer in Gang, der höllischen Lärm macht, so wie es damals tagtäglich war. Das Grundwasser der Maas steht auf 90 Meter Tiefe, sodass ein Hinunterfahren in den Schacht einmal bis 30 Meter und einmal bis 60 Meter heute noch möglich ist. Die Flöze hier haben eine Neigung von mindestens 38 Grad, sodass die Arbeiter in Schräglage die Kohle abbauen mussten und nicht auf dem Rücken liegend wie sonst üblich. Zur Führung in Blegny gehört auch ein großes Museum am alten Schacht Puits Marie. Es gibt Einblick in das Leben der Bergleute, die Geschichte des Kohleabbaus, die Techniken, Maschinen, Ausrüstungen bis hin zu den originalen Waschräumen für die Arbeiter. Vier wallonische Zechen sind Weltkulturerbe: Bois- du-Luc, Grand-Hornu, Bois du Cazier (Hennegau) und Blegny-Mine (Lüttich).

www.blegnymine.be

Die Zeche Blegny ist Weltkulturerbe der UNESCO.

Mahnmale

Gedenkstättentourismus in Lütticher Forts

97

Noch von Waterloo 1815 geprägt, entschloss sich das Königreich, ob der erneuten Spannungen in Europa dazu, sich Deutschland als auch Frankreich gegenüber zu wappnen. 1888 erfolgte der erste Spatenstich für das Projekt der Forts um Lüttich nach dem Plan des Generals Brialmont. Insgesamt zwölf Forts sollten einen Wehrring um Lüttich bestücken, sechs große (Barchon, Fléron, Boncelles, Flémalle, Loncin, Pontisse) und sechs kleine (Evegnée, Chaudfontaine, Embourg, Hollogne, Lantin, Liers). Diese Verteidigungsanlagen mussten dann 1914 dem ersten Angriff trotzen und 1940, teils aufgerüstet und ausgebaut, einem weiteren. Drei interessante Festungen sind im Folgenden beschrieben, darunter eines aus dem inneren Befestigungsring (Loncin) und zwei weitere, die bedeutendsten im Lütticher Land aus dem äußeren Befestigungsring. Sie können alle über Führungen besichtigt werden. Warme Kleidung und festes Schuhwerk sollten man zur Besichtigung dabei haben.

Das Fort Loncin

Ein wahrscheinlich einzigartiges Zeugnis eines Bunkers, der sich noch heute in dem Zustand befindet, wie er sich am 15. August 1914 nach einer schweren Explosion darstellte. Dabei wurden 350 der 500 Verteidiger des Forts getötet. Ein Museum ergänzt die Gedenkstätte. Loncin ist ein Bunker, dessen Bewaffnung noch im Original erhalten geblieben ist. Darunter eine funktionsfähige Kanone. Animierter Rundgang, der das Leben der Soldaten veranschaulicht. **www.fortdeloncin.com**

Das Fort Battice

In den 1930er-Jahren gebaut, wurde die Festung im Mai 1940 von deutschen Truppen zwölf Tage lang belagert. 30 Meter unter der Erdoberfläche erlebt man eine spannende Demonstration an einem Geschützturm mit zwei 75-Millimeter-Kanonen, kann malerische Fresken bewundern, ein bestens erhaltenes Notstromaggregat, Kasematten für 60-Millimeter-Kanonen und ein vollkommen restauriertes Schnellfeuergeschütz. Die riesige Anlage liegt in einem beliebten Gebiet für Wanderungen und Radtouren.

www.provincedeliege.be/fr/liege1418/lesforts

Fort Battice, rund 20 km östlich von Lüttich.

Das Fort Eben-Emael

In den dunklen Gängen der Festung wird ein grausiges Kapitel des Krieges sichtbar

98

Zwischen 1932 und 1935 wurde auf dem Saint-Pieter-Berg über dem Maastal diese Festung mit drei Ebenen, 17 Bunkern und einem fünf Kilometer langen Netz von Galerien errichtet. Ihr Zweck war die Schließung einer Verteidigungslücke im Maastal zwischen Belgien und Maastricht. Auf der Ostseite des Forts liegt der Albert-Kanal in einem 60 Meter tiefen Einschnitt. Eine Eroberung der Festung durch die Deutschen durfte die Brücken über den Kanal nicht gefährden. Deshalb musste Eben-Emael neutralisiert werden. Die Hauptrolle dabei spielten die neuartigen Lastensegler DFS 230. Genau 40 an der Zahl. Sie wurden von Ju-52-Schleppflugzeugen gezogen, mit 350 Fallschirmjägern an Bord. Hinter dem eher unscheinbaren Eingang zum eigentlichen Bunker wird einem zunächst noch nicht bewusst, welche gigantischen Ausmaße diese Festung in sich birgt. Beim Rundgang wird dieses unterirdische Abenteuer nach und nach immer faszinierender, die Schilderungen der dramatischen Begebenheiten immer eindringlicher und berührender. Mit jedem Meter, den man weiter eintaucht in die finsteren Labyrinthe der Festung, nimmt man mehr Teil an der schicksalhaften Geschichte der circa 1.200 Soldaten, die dieses Fort im Dunkeln der Erde gegen unsichtbare Feinde an der Oberfläche behaupten sollten. Außen auf dem Dach der Festung wird der Rundgang fortgesetzt. Von hier oben hat man eine weite Sicht über die Maas, den Kanal und das Loch von Visé, und man gewinnt einen Blick für die militärische Anlage dieser gewaltigen Bastion, die als uneinnehmbar galt und dennoch schon nach 31 Stunden Kampf am 11. Mai 1940 fiel. Präsentation auch auf Deutsch.

www.fort-eben-emael.be

Das Fort Eben-Emael am Ärmelkanal ist ein Gigant aus Beton.

Der mystische Turm der Apokalypse von Eben-Ezer

99

Museum und Hort eines Pazifisten

„Da nahm Samuel einen Stein und setzte ihn zwischen Mizpa und Sen und hieß ihn Eben-Ezer und sprach: Bis hierher hat uns der Herr geholfen." (1. Samuel 7, 12).

Es ist kaum zu glauben, was man da hoch über den Baumwipfeln entdeckt: Überdimensionale apokalyptische Figuren thronen auf einem rund 33 Meter hohen Turm wie in einem Horror-Movie oder in „Game of Thrones". Der Turm ist eine Konstruktion aus Tausenden von Feuersteinen (Silex) und Zement aus den 1950er-Jahren. Feuerstein wurde seit den 1930er-Jahren hier im Tal der Geer abgebaut und war ein wichtiger Rohstoff. Die Steine wirken wie an das Gebäude angeklebt. Mittelalterlich düster kommt alles rüber. Oben scheinen die Cherubine, die himmlischen Wesen, gleich in die Lüfte entschwinden zu wollen, um später wieder auf der Erde zu landen und ihre Botschaften von Liebe und Hoffnung zu verbreiten. Der Erbauer dieser Bizarrerie ist Robert Garcet, ein Mystiker, Pazifist und autodidaktischer Künstler. Nichts wurde dem Zufall überlassen. Das Gebäude – mit einer Höhe von 33 Metern auf viereckiger Ebene mit kleinen Türmen an den Winkeln – wurde aus Feuerstein aus einem ebenfalls 33 Meter tiefen Steinbruch gebaut, der hier bestand. Seine sieben Etagen sind mit den vier aus Beton gegossenen Engeln der Apokalypse geschmückt. Am Grunde des Turms errichtet ein Steinkreis seine zwölf Stelen zwischen dem Dickicht; die Säulen liegen alle in einer Distanz von 3,33 Metern zueinander. In dem Gebäude mit seiner Fantasie-Architektur ist das Silex-Museum untergebracht. Hier gibt es viele archäologische, paläontologische und historische Entdeckungen zu machen, auch das universelle Gedankengut des Robert Garcet wird einem nahegebracht. Ein Kosmos der Kuriositäten, inspiriert durch die Formen des Feuersteins, die Fossilien und die umliegende Region mit den vielen Steingruben, Höhlen und Grotten. Die Stufen im Turm zu den einzelnen Etagen liegen frei, es gibt keine Geländer, alles ist sehr schmal und eng gewunden und abenteuerlich steil. Auch durch die niedrigen Decken ist unbedingte Vorsicht geboten!

www.musee-du-silex.be

Eben-Ezer zeigt seine Fantasie-Architektur.

Die Ourthe

Von Lüttich bis zu den Quellen

100

In Angleur, einem Vorort von Lüttich, mündet die Ourthe in die Maas. Wer möchte, kann sie von hier aus entdecken und bis zu den Quellen vorstoßen. Entlang der Landstraße N 633 lässt sich ihr unterer Verlauf durch die Ardennen per Pkw verfolgen. Der ruhige Vorort Tilff ist ein Geheimtipp. Wunderbare Blicke auf den Fluss und romantische Terrassen, dazu das Museum der Bienen und ein Schloss. Pittoreske Plätze und Restaurants wie etwa das L'Amirauté direkt an der Maas. Selten schön gelegen. Aus Lüttich heraus führt auch ein sogenannter RAVeL-Rad- und Wanderweg (entlang ehemaliger Schienen- und Treidelwege) an der Ourthe entlang bis nach Comblain-au-Pont. Es ist eine andere, besonders reizvolle Art, die Natur und das Tal der Ourthe zu erleben, denn man genießt herrliche Ausblicke, kann die verschiedenen Attraktionen auf dem Weg ansteuern und die Anstrengung hält sich in Grenzen (2–3 % Steigung). Dieser RAVeL führt unterhalb von Felsmassiven vorbei wie bei Hony in der Nähe von Esneux. Hier ragt der Falkenfelsen (Roche-aux-Faucons) gut 230 Meter steil über dem Ourthetal auf. Wer den spektakulärsten Blick auf die Natur in der Provinz Lüttich von hoch oben genießen möchte, sollte mit dem Wagen über Esneux, Hony und Avister zum Aussichtspunkt La Roche-aux-Faucons (beschildert) fahren. Esneux hält eine weitere Überraschung bereit: das Château de Fy, das sich in Privatbesitz befindet und nicht öffentlich zugänglich ist. Aus den Baumkronen herausragend, hoch über Esneux und der Ourthe, erinnert es an das Dornröschenschloss. Bei Nisramont in Belgisch-Luxemburg spreizt sich die Ourthe in ihre beiden Quellflüsse: Die Ourthe orientale entspringt in der Nähe des gleichnamigen Ortes Ourthe und windet sich Richtung Houffalize, während die Ourthe occidentale aus Ourt kommt und durch das Land der Gemeinde Sainte-Ode fließt.

Beeindruckendes Panorama in purer Natur: vom Falkenfelsen aus

Noch mehr Tipps rund um Ihre Reise nach Lüttich:
Informationen, Buchungen, Gruppenreisen, deutschsprachige Führungen: Die Internetplattform der Provinz Lüttich bietet zahlreiche Serviceleistungen in deutscher Sprache.
https://de.liegetourisme.be
Oder schauen Sie beim Office de Tourisme Liège vorbei:
www.visitezliege.be

Danke

Mein großer Dank für die Unterstützung bei der Realisierung dieses Buches gilt vor allem folgenden Personen:
Marc Goulier, Direktor WBT (Wallonie-Belgien-Tourismus) in Köln mit seinem Team Eva Claushues und Barbara Buchholz für die vielfältige Unterstützung bei Recherchereisen, Tipps und die mediale Begleitung des Buches. **www.belgien-tourismus-wallonie.de**
Michael Mathot – Presse – Communication, Fédération du Tourisme der Provinz Lüttich für Bildmaterial. **www.provincedeliege.be**
Dominique Jamar, Office de Tourisme der Stadt Lüttich für Bildmaterial und Tipps. **www.visitezliege.be**
Rolf Werner, Lüttich-Kenner aus Stolberg, für den Bericht Jacques Pelzer und Bilder sowie diverse Insidertipps.
Carolin Schulzen vom Grenz-Echo Verlag und Guido Bertemes für die tolle Zusammenarbeit sowie das Projekt und die Produktion des Buches.
Camilla van Heumen für das Lektorat.